Udo Datené/Gerd Datené

Burnout als Chance

Udo Datené/Gerd Datené

Burnout als Chance

Kräfte mobilisieren
für Beruf und Privatleben

Die Deutsche Bibliothek – CIP-Einheitsaufnahme

Datené, Udo:
Burnout als Chance : Kräfte mobilisieren für Beruf und
Privatleben / Udo Datené ; Gerd Datené. – Wiesbaden :
Gabler, 1994

NE: Datené, Gerd:

Der Gabler Verlag ist ein Unternehmen der Bertelsmann Fachinformation.

© Betriebswirtschaftlicher Verlag Dr. Th. Gabler GmbH, Wiesbaden 1994
Softcover reprint of the hardcover 1st edition 1994

Lektorat: Manuela Eckstein

Das Werk einschließlich aller seiner Teile ist urheberrechtlich geschützt. Jede Verwertung außerhalb der engen Grenzen des Urheberrechtsgesetzes ist ohne Zustimmung des Verlags unzulässig und strafbar. Das gilt insbesondere für Vervielfältigungen, Übersetzungen, Mikroverfilmungen und die Einspeicherung und Verarbeitung in elektronischen Systemen.

Höchste inhaltliche und technische Qualität ist unser Ziel. Bei der Produktion und Verbreitung unserer Bücher wollen wir die Umwelt schonen: Dieses Buch ist auf säurefreiem und chlorarm gebleichtem Papier gedruckt. Die Einschweißfolie besteht aus Polyäthylen und damit aus organischen Grundstoffen, die weder bei der Herstellung noch bei der Verbrennung Schadstoffe freisetzen.

Die Wiedergabe von Gebrauchsnamen, Handelsnamen, Warenbezeichnungen usw. in diesem Werk berechtigt auch ohne besondere Kennzeichnung nicht zu der Annahme, daß solche Namen im Sinne der Warenzeichen- und Markenschutz-Gesetzgebung als frei zu betrachten wären und daher von jedermann benutzt werden dürften.

Umschlaggestaltung: Schrimpf und Partner, Wiesbaden
Satz: Satzstudio RESchulz, Dreieich-Buchschlag

ISBN 978-3-663-05877-9   ISBN 978-3-663-05876-2 (eBook)
DOI 10.1007/978-3-663-05876-2

Vorwort

In einer Zeit, die fast explosionsartige Umbrüche in technologischer und ökonomischer Weise mit sich bringt, in der Fragen der Ökologie und Zukunftsforschung unser menschliches Überleben im Ganzen betreffen, da scheint kaum noch Raum, das eigene Leben privat und beruflich mit Gelassenheit, Freude und in Muße zu erfahren. Doch je mehr Hektik und Streß unser Dasein in einem immer härter werdenden Existenzkampf bestimmen, um so mehr sehnen wir uns nach innerer Zufriedenheit und Sinnerfüllung unseres Lebens.

Wir pendeln zwischen vermeintlicher Fremdbestimmung und Sehnsucht nach eigenbestimmtem Fühlen und Handeln hin und her. Schließlich klaffen „Müssen" und „Wollen" so weit auseinander, daß unser innerer Kampf zu einer Zerreißprobe zu werden droht und unsere Energien aufgezehrt werden. Wir spüren, daß wir uns „verzetteln", uns als Mensch in unseren Grundbedürfnissen „aus den Augen verlieren". Wir haben das Gefühl, nur noch funktionieren zu müssen, fühlen uns ausgebrannt und leer.

Viele von uns erleben das Phänomen Burnout, die schleichende Bedrohung unserer Lebensqualität und Gesundheit, und, was das Schlimmste ist, wir fühlen uns diesem Phänomen hilflos ausgeliefert; die persönliche Krise scheint vorprogrammiert.

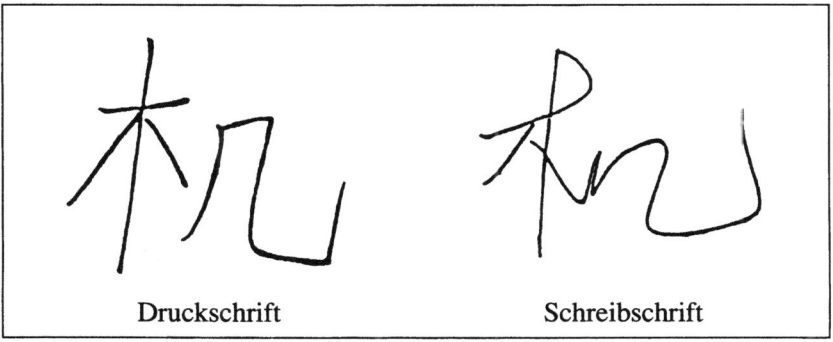

Druckschrift — Schreibschrift

Das chinesische Schriftzeichen Ji steht sowohl für Krise als auch für Chance

Dennoch bedeutet Krise auch Chance, wenn wir bereit sind, unser derzeitiges Lebenssystem einer selbstkritischen, realistischen Betrachtung und Analyse zu unterziehen und die Verantwortlichkeit für Wohlbefinden und Sinnerleben wieder selbst in die Hand zu nehmen.

Vorbeugen heißt aber auch, vorhandene Lebensqualität nicht unüberlegt aufs Spiel zu setzen und dem Burnout frühzeitig genug Einhalt zu gebieten. Nehmen wir deshalb das Burnout-Syndrom zum Anlaß, über uns nachzudenken. Begreifen wir es als Chance, unseren „Selbstwert" wieder zum Maßstab unserer Lebensqualität werden zu lassen.

Beginnen muß jeder bei sich selbst, bei seinen persönlichen Lebensumständen, seiner individuellen Biographie, seinen eigenen Bedürfnissen und Wünschen ... Benutzen Sie deshalb das vorliegende Buch als Arbeitsmittel, um sich selbst besser kennenzulernen. Erkennen Sie Umstände und Ursachen, die Ihr jetziges Leben bestimmen; entwickeln Sie mit unserer Anleitung Ihren individuellen Plan, um dem Burnout wirksam zu begegnen.

Und denken Sie daran: Es lohnt, sich selbst zu akzeptieren! Nicht als den Zwerg seiner Ängste, aber auch nicht als den Giganten seiner Träume.

Inhalt

Vorwort 7

I. **Ausgebrannt und leer – eine Bestandsaufnahme** 9

   Niemand ist ganz frei 9
   Faktoren, die unsere Einstellung zur Welt
   und zu uns selbst prägen 11
      Die Ausgangsposition 11
      Eustreß und Distreß:
      Eine Streßbilanz unserer Gesellschaft 12
      Die Auswirkungen 22
   Erste persönliche Bestandsaufnahme 24
      Test zur Feststellung des Burnout-Faktors 24
      Selbsteinschätzungsprofil und biographischer
      Hintergrund 27

II. **Ausgebrannt und leer – Bedrohung, Antwort
und Chance** 31

   Ursachen der Bedrohung im gegenwärtigen Umfeld 31
      Die alles entscheidenden Rückmeldungen 31
      Der innere Dialog 39
      Die verzerrte Wahrnehmung 42
      Der Energiehaushalt 48
   Der Umgang mit der Bedrohung 54
      Die biophysische Antwort 54
      Die bewußt auf Änderung abzielende Aktivität 56
   Zweite persönliche Bestandsaufnahme 60
      Einschätzungstest zum Burnout anhand konkreter
      Lebenssituationen 61
      Interpretation, Tips und Anregungen 65

III. Ausgebrannt und leer – Hilfen zur Selbsthilfe 87

    Vom Umgang mit sich selbst und anderen 87
        Wahrnehmen, Verstehen und Verständigen 87
        Vom Umgang mit Konflikten 101
        Vom Umgang mit Menschen 128
        Vom Umgang mit der Zeit und den Aufgaben
        des Lebens 144
    Hinweise zur Vorbeugung und Überwindung des Burnout ... 159
        Individueller Maßnahmenkatalog 159
        Unterstützende Vorschläge zur praktischen
        Anwendung 162

Rückblick und Ausblick 177

Die Autoren 179

I. Ausgebrannt und leer – eine Bestandsaufnahme

Niemand ist ganz frei ...

Niemand ist ganz frei, aber niemand ist auch völlig abhängig von äußeren Gegebenheiten. Wir bringen uns selbst mit auf diese Welt durch das, was wir ererbt haben, und erleben die auf uns einwirkende Umwelt mehr oder weniger bewußt als prägend für unser Leben.

Grundsätzlich gilt, daß unser gegenwärtiges Handeln, Denken und Fühlen von unserer Vergangenheit mitbestimmt wird: Erbe und prägende Umwelt als „vergangene Bausteine" unseres bisherigen Lebens lassen uns unsere Gegenwart in einer ganz bestimmten, individuellen Sichtweise erleben und begreifen, woraus wir letztlich unser Verhalten, unsere Einstellungen für zukünftiges Handeln ableiten.

Gleichzeitig aber ist gegenwärtiges Erleben Bestätigung oder Korrektur dessen, was bisher individuell für uns gültig war oder derzeit ist. Leben kann deshalb als permanenter Anpassungsprozeß an die Welt, aber auch als Anpassung der Welt an die eigene Person betrachtet werden.

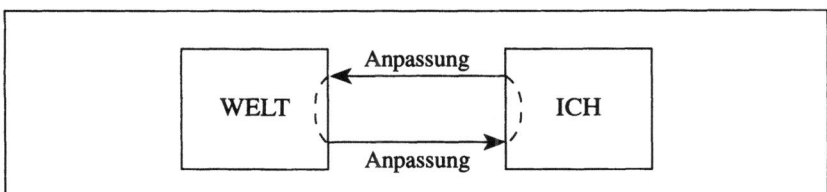

Anpassungsprozeß zwischen Welt und Person

Dieser Prozeß ist ein lebenslanges Abenteuer, voll innerer Dynamik und mit lust- oder leidvoller Spannung verbunden. Im Grunde muß es tagtäglich neu bestanden werden. Neben Schönem erleben wir Einengendes, Lust und Verzicht, Lob und Tadel, Anerkennung und Ablehnung.

Je nachdem, wie ausgewogen Positives und Negatives unser Leben bestimmt haben, entwickeln wir zu uns selbst eine nahe, liebevolle und akzeptierende Einstellung, ohne unsere Grenzen zu verkennen. Oder wir empfinden uns selbst gegenüber eine ängstlich-mißtrauische Distanz und fühlen uns ungewollt und irgendwie nicht o.k.

Je nachdem, was uns in unserem Leben (auch gegen unseren Willen, gegen unser Bedürfnis) „übergestülpt" wurde, reagieren wir auf die Herausforderungen unserer Gegenwart in Partnerschaft und Beruf, im sozialen Umfeld und letztlich auch auf uns selbst mit Zuversicht und Selbstvertrauen oder mit Verzagtheit und Rückzug.

Stellen Sie sich bitte vor (oder machen Sie dieses kleine Experiment einmal selbst), daß Sie einer brennenden Kerze langsam und immer tiefer gehend ein Glas überstülpen. Was geschieht mit der aufrecht brennenden, klaren Flamme? Sie wird zunächst kleiner, bäumt sich möglicherweise noch einmal auf, um schließlich zu verlöschen und auszubrennen. Ausgebrannt – wodurch? Lebensnotwendige Nahrung von außen kann die Flamme nicht mehr erreichen, die Kraft- und Lebensreserven von innen reichen nicht aus, um dem Burnout zu entgehen. Das, was der Kerze übergestülpt wird, verursacht ihr Erlöschen.

Dennoch: Bis zu einem gewissen Grad hat die Flamme das Wasserglas ausgehalten, sich mit der Beschränkung arrangiert und ist erst bei übermäßiger Einengung ihrer Lebensbedürfnisse verloschen. Um die Flamme wieder entzünden zu können, muß genau diese Einengung beseitigt bzw. auf das noch verträgliche Maß reduziert werden.

Riskieren wir es, diesen bildhaften Vergleich auf uns selbst zu übertragen, auf das, was unsere individuelle Lebensenergie einschränkt, was uns tatsächlich „übergestülpt" wurde, oder auf das, wovon wir annehmen, es sei uns von außen irreversibel als Beschränkung auferlegt worden. Spüren Sie doch einmal in sich hinein, bevor Sie weiterlesen. Setzen Sie sich bequem in einen Sessel, hören Sie Ihre Lieblingsmusik, und spüren Sie dem Bild der verlöschenden Kerze nach. Trifft es auf Sie zu? Welche Gefühle haben Sie? Trauer? Wut? Angst?

Faktoren, die unsere Einstellung zur Welt und zu uns selbst prägen

Wenn Sie den Vorschlag angenommen haben, bei Ihrer Lieblingsmusik der verlöschenden Kerze nachzuspüren, werden Sie bestimmt in einen Zustand diffusen Gefühls und der Nachdenklichkeit geraten sein. Fragen zu Ihrem Selbstverständnis tauchen auf, und möglicherweise ist der Wunsch groß, Ursachen zu erkennen und Wege zu finden, die eine jetzige „IST-Situation" in eine lebenswertere, sinnerfülltere „SOLL-Situation" überführen. Hierzu ist es aber unumgänglich, zunächst Bilanz zu ziehen und sich über die Ausgangsposition, von der aus Sie „starten", klar zu werden.

Die Ausgangsposition

Allgemein gilt, daß unsere Biographie, unsere Vorerfahrungen, Prägungen und Konditionierungen auf der Grundlage unserer ererbten Anlagen das aus uns gemacht haben, was wir heute sind oder zu sein glauben.

Vereinfacht dargestellt sieht die Wechselwirkung von Erbe und Umwelt etwa so aus:

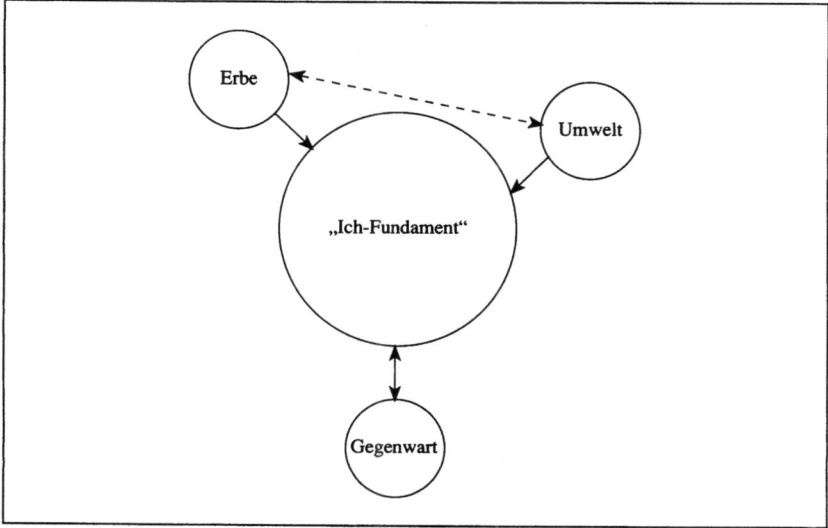

Wechselwirkungsmodell

Mit diesem „Fundament" begegnen wir der Gegenwart: unserer Familie, den Freunden, den beruflichen Ansprüchen ... Gleichzeitig nehmen wir entsprechend unseres Fundamentes (unseres „So-Seins") die Herausforderungen der Gegenwart wahr: politische, ökologische, ökonomische und technische Entwicklungen, Wissenschaft, Religion, kurz: Wir antworten auf die „Welt" aus unserem individuell entstandenen „Fundament" und reagieren ebenso aus dem gleichen individuellen Fundus heraus auf die Fragen, die diese Welt an *uns* stellt.

Es hängt also von unserem eigenen Fundament ab, ob wir die derzeitige Welt als bedrohlich und erdrückend oder als gestalt- und mitbestimmbar erleben. Doch egal, ob für uns die eine oder andere Seite stimmen mag, unsere Gegenwart ist gleichzeitig Verstärkung und Bestätigung dessen, was wir „schon immer wußten"; aber ebenso kann sie auch Anreiz und Motivation sein, bestehende Weltbilder zu verschieben und – sofern passend – in das Puzzle des eigenen „So-Seins" zu integrieren.

Solange diese „dynamische Integration" zum Wohle des eigenen Befindens und des persönlichen Wachstums stattfindet, solange wird der Betroffene keine negativen Auswirkungen in Form von Burnout zu befürchten haben. Ganz anders liegt der Fall, wenn die Situation vom Betreffenden als (grundsätzlich) „einengend" und/oder als nicht mehr „wachstumsfähige" Gegenwart empfunden wird.

Es kommt zu „Rückmeldungen" im körperlichen, seelischen und geistigen Bereich. Wir befinden uns plötzlich in einer Art Sackgasse, die uns in unserer Gesamtheit umfaßt, und, ohne es zu wollen (geschweige denn zu wissen), befinden wir uns im Teufelskreis des beginnenden oder schon fortgeschrittenen Burnouts.

Eustreß und Distreß: Eine Streßbilanz unserer Gesellschaft

Der Begriff „Streß" ist heutzutage weit verbreitet. Meist wird er im Zusammenhang mit etwas Unangenehmem, Belastendem, Bedrückendem gesehen. Er wird benutzt bei Tageshektik, im Straßenverkehr, bei der Arbeit, bei Überforderung oder bei Unzufriedenheit allgemein. Wir sprechen heute sogar vom sogenannten „Freizeit-Streß"!

Faktoren, die unsere Einstellung zur Welt und zu uns selbst prägen

Was ist denn „Streß" zunächst einmal wirklich?

„Streß" ist, neutral betrachtet, ein Spannungszustand, eine überdurchschnittliche Beanspruchung, die – und das ist wesentlich – sowohl *positiv* als auch *negativ* für den Menschen sein kann. So unterscheiden wir zwischen „Eustreß", dem positiv wirkenden Spannungszustand, und „Distreß", der negativ empfundenen und meist auch so wirkenden Spannung.

Eustreß wird zum Beispiel erlebt, wenn es sich um eine freudige, spannende und anspornende Herausforderung handelt, die wir aus innerem Antrieb heraus gerne annehmen. Dies können beispielsweise interessante, motivierende Aufgaben, sportliche Herausforderungen, mit Lust erlebte Wettbewerbe oder Hobbies sein.

Ein Beispiel:

Herr M. kommt von einem anstrengenden Arbeitstag, der ihn nicht sehr befriedigt hat, nach Hause. Eigentlich müßte er aufgrund des Tages seine Energien verbraucht haben; er fühlt sich im Grunde kaputt. Dennoch zieht er sich um und geht in seinen Garten, um umzugraben, zu pflanzen und den Rasen zu vertikutieren. Herr M. tut dies mit Freude, innerer Zufriedenheit und Gelassenheit. Ja, er fühlt sich wohl und glücklich! Nach getaner Arbeit genießt er sein Werk, sinkt entspannt und mit sich selbst zufrieden in seinen Sessel und belohnt sich mit dem guten Gefühl eines gelungenen Tages.

Dieses Beispiel verdeutlicht sehr anschaulich, was Eustreß und Distreß bei Menschen ausmachen – und wie viele Reserven in einem Menschen vorhanden sind, wenn er eine Situation als Eustreß *erlebt*! Die Arbeit hat Herrn M. „geschlaucht", „genervt", angestrengt und ausgelaugt – eben „gestreßt" im Sinne von Distreß. Eigentlich müßte Herr M. alle Energien verbraucht haben. Dennoch verbringt er während der Gartenarbeit Höchstleistungen (!), die – objektiv gesehen – unter Umständen wesentlich anstrengender waren als die Tätigkeiten während seines Arbeitstages.

Es hängt also von vielen, dem Menschen nicht immer bewußten Faktoren ab, ob eine Situation als Eustreß oder als Distreß *erlebt* wird. Streß ist also, neben vielen erklärbaren und wissenschaftlich begründbaren Ursachen, zu einem ganz erheblichen Teil unser *subjektives Empfinden und Erleben* einer Situation, eines Geschehens, einer Aufgabe oder Herausforderung.

Ob wir unsere Arbeit, unser Dasein, unser Leben als Eustreß oder aber als Distreß erleben, hängt also in wesentlichem Maße davon ab, welches Bild wir davon in uns selbst haben, wie wir mit unserem „inneren Dialog", einer Art Positiv-/Negativ-Bilanz im Sinne eines „inneren Spiegels", auf die auf uns einwirkenden Erlebnisse, Geschehnisse und Eindrücke von außen reagieren!

Versuchen Sie an dieser Stelle einmal innezuhalten und sich eine Situation Ihres Lebens vorzustellen, in der Sie Distreß empfinden. Spüren Sie dabei Ihren Gedanken nach: Welches „Bild" haben Sie vor Augen? Welche Empfindungen können Sie nachvollziehen? Wie fühlen Sie sich in der Situation?

Versuchen Sie nun, die gleiche Situation zu objektivieren, sie quasi in einem anderen Rahmen zu sehen, indem Sie Ihre inneren Kraftquellen einsetzen, sich vorstellen, wie Sie gelassener und selbstzufriedener reagieren und agieren können, und malen Sie sich aus, wie Sie die Situation meistern. Vergleichen Sie hierbei diese Situation mit einer anderen, die Sie bereits erfolgreich gemeistert haben, vielleicht aus einem ähnlichen Lebensbereich.

Gelingt es Ihnen hier schon, sich etwas anders, weniger streßbeladen zu fühlen? Wenn Sie eine positive Veränderung bemerken, setzen Sie sich selbst irgendeinen „Anker", zum Beispiel einen Satz, den Sie sich einprägen, ein Bild, das Sie jederzeit zurückholen können, oder ein körperliches Signal, beispielsweise das Aneinanderlegen der Kuppen von Daumen und Mittelfinger, einem Ring gleich. Wenn es Ihnen gelingt, Ihren persönlichen Anker in eine starke Verbindung mit Ihren positiven Empfindungen zu bringen, können Sie diesen Anker für sich, völlig unbemerkt von anderen, jederzeit dann setzen, wenn Sie eine Situation positivieren und damit Distreß in Eustreß umkehren möchten.

Prägen Sie sich den folgenden Satz gut ein:

> „Das Leben ist das, was meine Gedanken daraus machen!"

Nun wäre es vermessen und auch nicht ehrlich, wenn wir behaupteten, alle Situationen seien durch diese Möglichkeit der „positiven Umdeutung" in Eustreß-Erlebnisse umzuwandeln. Wichtig war uns an dieser Stelle nur, verschiedene Lebenssituationen zu überprüfen und uns ein anderes, positiveres Bild davon zu machen. Hierin steckt die Chance, bei vielen alltäglichen Ereignissen mehr Gelassenheit zu entwickeln und durch das eigene Gegenwirken solche Situationen zu „entschärfen".

Es gibt aber in der Tat eine Vielzahl von subjektiven und objektiven Distreß-Faktoren, die nicht nur so einfach mit der „Kraft des positiven Denkens" oder dem „Aufsetzen der rosaroten Brille" weggewischt werden können. Auch wenn solche Distreß-Faktoren „nur" subjektiv empfunden werden, sind sie für uns vorhanden und müssen ernst genommen werden! So ist unser empfundener Streß bei einer Prüfung ebenso existent wie unspezifische, nicht näher definierbare innere Unruhe- oder Angstzustände.

Die Ernsthaftigkeit solcher subjektiv empfundenen oder objektiv meßbaren Distreß-Faktoren zeigt eine *Streßbilanz unserer Gesellschaft*. Werfen wir eine Blick auf unsere Arbeitswelt:

Erst in den letzten 50 Jahren kam es zu geradezu explosionsartigen technischen Veränderungen und zu rapider Leistungssteigerung. In keiner Zeit zuvor wurde mehr erfunden, entwickelt, rationalisiert und automatisiert. Zu Beginn der 90er Jahre gab es gegenüber den 80er Jahren eine Vervierfachung (!) des Wissens. Wir sprechen heute von einer „Wissensexplosion". Die „Halbwertzeit" unseres Wissens beträgt heute nur noch etwa drei Jahre, das heißt, bereits nach drei Jahren ist unser heutiges Wissen zur Hälfte „überholt".

1865 schätzte man die Anzahl von wissenschaftlichen Veröffentlichungen auf 1000 Stück, 1965 auf 100 000 Stück, und heute liegt eine vage Schätzung von 15 bis 20 Millionen vor.

Einige weitere Daten:
- Jede Minute wird eine neue chemische Formel erfunden.
- Alle drei Minuten wird ein neuer physikalischer Zusammenhang entdeckt.
- Jede fünfte Minute wird eine neue medizinische Erkenntnis gewonnen.
- Alle sechs Minuten erscheint in Deutschland ein neues Buch.
- „... rund 600 000 Laborberichte, Doktorarbeiten und Fachartikel müßte ein Chemiker pro Jahr lesen, um in seinem Fach à jour zu bleiben – nicht zu schaffen. Die Folge: Der Mann wird, gemessen am insgesamt verfügbaren Chemiewissen, immer dümmer." (Der Spiegel 14/1993, S. 150).

Unternehmer, Führungskräfte und deren Mitarbeiter stehen heute in zunehmendem Maße den folgenden Problemen gegenüber:
- härter umkämpfte Märkte, Verdrängungswettbewerb
- höchste Leistungsanforderungen an den einzelnen
- meist weniger zur Verfügung stehendes Personal
- zunehmende, überdurchschnittliche Qualifikationsansprüche
- höchste, oft unerreichbare Zielvorgaben
- Demotivations-Tendenzen, zum Beispiel das Phänomen der „inneren Kündigung" oder „inneren Pensionierung"
- zunehmend registrierbare Distreß-Symptome, Krankheitsbilder und Fehlzeiten
- immer weniger Zeit für Privates (trotz mehr Freizeit!)
- innere Spannungen und Grübeleien
- Gegenwarts- und Zukunftssorgen, Zweifel oder gar Ängste
- Existenzangst, Angst vor dem Verlust des Arbeitsplatzes

Wenn wir jetzt noch zusätzlich betrachten, welche Sorgen und Ängste die Menschen in bezug auf die ökologische, ökonomische und politische Entwicklung in der Welt bewegen, berechtigt oder unbegründet, so ist es nicht verwunderlich, daß wir in vielen Lebenssituationen oder gar im gesamten Leben Streß erleben.

Die *Folgen* der oben beispielhaft beschriebenen Distreß-Faktoren lassen sich folgendermaßen skizzieren:

- Schätzungsweise 80 Prozent aller Erkrankungen sind psychisch bedingt oder zumindest mitbedingt.
- Neuere Forschungen besagen, daß auch der Ausbruch von Krebskrankheiten psychosomatisch (mit-)bedingt ist. (Im Umkehrschluß sei erwähnt, wie sehr eine positive, gesunde Psyche zur Heilung einer Krankheit beiträgt!)
- Pro Tag werden in der Bundesrepublik Deutschland etwa 360 Ehen geschieden.
- Die Zahl der Suchtkranken nimmt ständig zu. Ein „Junkie" benötigt für die Beschaffung seiner Drogen ca. 100 000 Mark pro Jahr.
- Ca. 40 Prozent der Männer und 70 Prozent der Frauen scheiden in Deutschland infolge von Frühinvalidität vorzeitig aus dem Arbeitsprozeß aus und verursachen erhebliche volkswirtschaftliche Kosten.

Faktoren, die unsere Einstellung zur Welt und zu uns selbst prägen

- In den Industrienationen äußern sich die psychosomatischen Defizite in den „Todsünden der Zivilisation", den fünf Risikofaktoren
  - Alkohol, Rauschmittel, Drogen,
  - Rauchen (lt. USA-Report ebenfalls als Droge eingestuft),
  - Übergewicht, Fettleibigkeit,
  - Bewegungsmangel,
  - Emotionaler Distreß (Angst, innere Spannungen).
- Der Herzinfarkt ist in Deutschland die Todesursache Nr. 1, und es trifft häufig bereits sehr junge Menschen.
- Nach Schätzungen und Untersuchungen ist in der BRD jeder zweite Arbeitnehmer psychosomatisch gestört!

Sehen wir uns nun die oben dargestellten Sachverhalte an, so bergen sie zwei wesentliche, mögliche Interpretationen: Die eine ist die, daß wir mit unseren Sorgen, Befürchtungen und Ängsten nicht allein dastehen. Die andere, für uns entscheidende Interpretation ist aber, sich selbst die Frage zu stellen und auch zu beantworten, was der einzelne, also *ich* tun kann, um die individuelle und subjektiv empfundene Lebenssituation zu überprüfen und positiv zu verändern. Darüber hinaus ist dann zu fragen: Was kann *ich* dazu beitragen, daß sich die Dinge verändern? Was kann *ich* tun, um anderen zu helfen, ihr Leben zu meistern?

Bei all diesen Fragen soll Sie dieses Buch unterstützen. In erster Linie geht es um *Sie* aufgrund einer fundamentalen Erkenntnis:

> „Je besser es *mir* geht, je besser ich *mich* fühle, desto besser wird es auch meinen Mitmenschen gehen!"

Die Begründung liegt auf der Hand: Ich kann nur Kraft und Energie für andere aufbringen, wenn *ich selbst* genügend davon habe. Es ist sicher auch folgerichtig, daß ich (selbstlose) Liebe nur geben kann, wenn *ich mich selbst* liebe, akzeptiere und annehme. Nehmen wir eine Autobatterie als Vergleich: Da, wo kein „Saft" mehr ist, kann keine oder nur noch wenig Energie abgegeben werden, sprich: das Auto („der andere") springt nicht an. Und falls der Anlasser doch noch müde durchdreht, zieht er den Rest der Energie aus der Batterie und entleert sie vollständig. Der klassische Burnout ist kreiert.

Wir möchten Sie deshalb dazu einladen, sich zunächst einmal ganz bewußt nur auf sich selbst zu konzentrieren, Ihre persönliche Streßbilanz zu ziehen, sich auf die Inhalte, Übungen und Experimente in diesem Buch einzulassen, um dann mit dieser neuen Energie und Kraft sich und anderen Menschen zu helfen, ihr Leben positiv zu gestalten.

Eine erste Erkenntnis möchten wir noch einmal in Erinnerung bringen: Ihr persönlich empfundener Streß ist durch Sie selbst (zumindest zu einem erheblichen Teil) relativierbar und somit positiv veränderbar. Lassen Sie noch einmal die Übung des Ankerns an Ihrem geistigen Auge vorüberziehen, oder wiederholen Sie sie noch einmal – je häufiger, desto wirkungsvoller! Aber: Eben nicht alles, was Ihre persönliche Streßbilanz ausmacht, läßt sich so einfach verändern.

Vielleicht ist der folgende, mittlerweile recht verbreitete Satz hierbei eine Hilfe:

> „Gott gebe mir die Kraft,
> das zu verändern, was ich zu verändern vermag,
> die Gelassenheit,
> das zu ertragen, was ich nicht verändern kann,
> und die Weisheit, beides voneinander zu unterscheiden!"

Das Fünf-Phasen-Modell der Wirkungsweise von Distreß

Wir haben einen Blick auf die Streßbilanz unserer Gesellschaft geworfen. Was aber läuft beim einzelnen Menschen ab, wenn wir von „Streß" und „Streßerscheinungen" sprechen?

Bitte machen Sie sich mit dem folgenden Modell vertraut: Die Abbildung auf der gegenüberliegenden Seite zeigt einen Trichter, der unser Leben im Hinblick auf den Umgang mit Distreß darstellen soll. Die stilisierte Oberfläche des Trichters können wir uns wie eine Wasseroberfläche vorstellen, die unsere Wahrnehmung der Umwelt gegenüber verkörpert. Mit dieser Oberfläche (= unsere Wahrnehmung) erleben wir unsere Umgebung, unsere Mitmenschen, unsere Arbeit, unsere Welt. Wir erleben diese Welt schon lange, zeitlich bereits vor unserer Geburt, und wir erleben sie, wie bereits erwähnt, subjektiv.

Faktoren, die unsere Einstellung zur Welt und zu uns selbst prägen 19

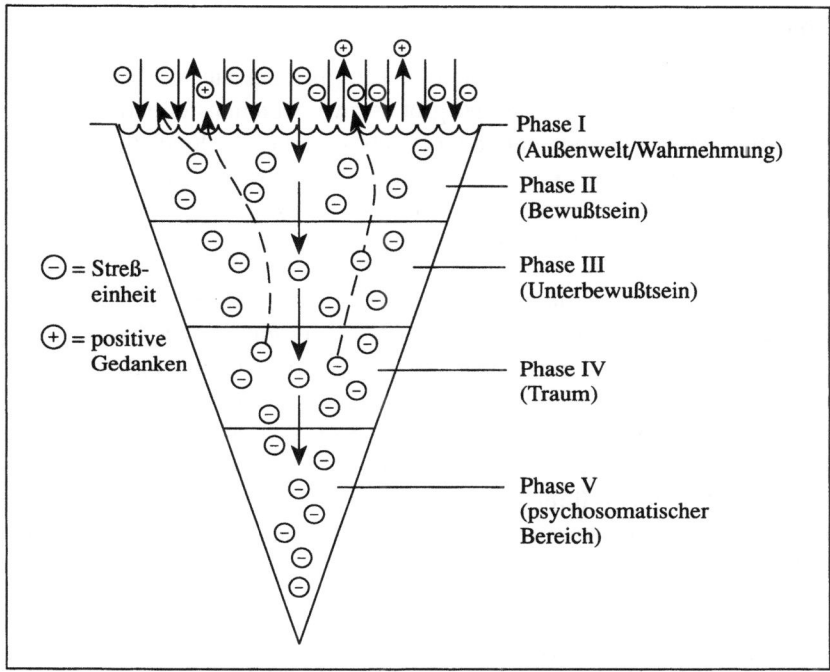

Das Fünf-Phasen-Modell

Wären nun die meisten unserer Wahrnehmungen positiver Natur, so könnten wir den Trichter damit unbedenklich bis in seine tiefste Region hinein füllen: Wir würden uns rundherum wohlfühlen, und das Thema „Streß" wäre für uns irrelevant. Da wir aber an diesem Beispiel die Wirkungsweise von Distreß aufzeigen wollen, soll dieses Modell auch nur diesem Wirkmechanismus dienen – wohlwissend, daß natürlich auch unzählige positive Erlebnisse in unserem Leben vorhanden waren und sind.

Die nach unten gerichteten Pfeile des Modells verkörpern Streßerscheinungen, wie beispielsweise alltäglichen Ärger, Unfreundlichkeiten und Verletzung durch Menschen, den Autostau, Sorgen, aber auch tiefersitzende Faktoren, wie zum Beispiel den Geburtsschock, Kindheitserfahrungen, Verluste und traumatische Erlebnisse.

Wir werden jetzt mit diesem Modell spielen. Versuchen Sie dabei, die folgenden Erläuterungen möglichst nahe an Ihre eigene Lebenssituation heranzuführen und damit zu verknüpfen:

Phase I:

Hier erleben Sie eine Situation oder ein Ereignis, das Sie (vorbewertet) als Streß empfinden. Und schon hier gibt es zwei weichenstellende Alternativen für Sie: Sie können entweder durch die ureigene Kraft Ihres positiven Denkens und Ihrer positiven Energie dagegenwirken (die nach oben gerichteten Pfeile) oder sich dem Streß überlassen. Hier ein sehr einfaches, aber für unsere Zeit so typisches Beispiel:

Sie befinden sich in einem Verkehrsstau. Ändern können Sie dies nicht. Sie haben die Situation auch nicht zu verantworten, und Sie hatten genügend Zeit für die Fahrt eingeplant. Anstatt nun „verbissen" und „genervt", mit höchstem Unruhegefühl um jeden Meter sinnlos zu kämpfen, legen Sie eine Kassette mit Musik oder gar mit Heinz Erhardt ein – und Sie erleben eine gute Zeit in Gelassenheit. Am nächsten Rastplatz fahren Sie ab und benachrichtigen Ihren Termin-Partner (der in der Regel Verständnis hat), daß Sie später kommen werden. Sie können so auch den Rest der Fahrt gelassen und ruhig genießen.

Die Alternative wäre Streß, Unruhe, Hektik, Nervosität, Wut und Ärger. Kämen Sie so schneller oder gar entspannter an Ihr Ziel?

Phase II:

Sie werden es bemerkt haben: So einfach, wie im obigen Beispiel dargestellt, ist es meistens nicht. Im Leben sind viele Streßsituationen vorhanden, die uns betroffen machen und uns bedrücken. Es kommt nur darauf an, welcher Grund-Disposition der Mensch zwischen Phase I und II unterliegt und ob er dazu neigt, zu viele negative Dinge in sein Bewußtsein hineinzulassen, anstatt dem oft alltäglichen Streß positive Gedanken entgegenzusetzen. Sie kennen sicher Menschen, denen man aber auch gar nichts recht machen kann, die nur das Negative sehen und nicht einmal mehr in einem objektiv schönen Urlaub entspannen können.

Was aber ist zu tun, wenn das Bewußtsein trotz positiver Gedanken Streßeinheiten wahrnimmt? Von fundamentaler Bedeutung ist, die (noch) im Bewußtsein spür- und definierbaren Streßeinheiten wieder aus dem „Trichter hinauszuwerfen", sie zu be- und zu verarbeiten, anstatt sie zu verdrängen, „herunterzuschlucken", „herunterzuspülen" oder „in sich hineinzufressen". Im Kapitel „Der Umgang mit der Bedrohung" werden

Faktoren, die unsere Einstellung zur Welt und zu uns selbst prägen

Sie eine Vielzahl praktischer Anregungen finden, wie aus dem Bewußtsein heraus Streßeinheiten sinnvoll verarbeitet werden können.

Phase III:

Jeder Mensch, auch der, der alle positiven Verarbeitungsmechanismen in Phase I und II unseres Modells wahrnimmt, wird eine Vielzahl erlebter Stressoren kaum noch beeinflussen können. Sie werden jedoch im Unterbewußtsein registriert, gespeichert und verarbeitet. Um das Unterbewußtsein zu entlasten, verfügen wir über ein lebenswichtiges Regulativ, den nächtlichen Traum.

Phase IV:

Die Traumphase während unseres Tiefschlafes (in unserem Trichter modellhaft unter der Ebene des Unterbewußten angesiedelt) hat nach neueren Erkenntnissen der Traumforschung unter anderem die Aufgabe, bis dahin nicht verarbeitete Streßeinheiten („traumatische Erlebnisse") durch den Traum zumindest in Teilen zu be- und verarbeiten, um sie wieder aus dem „Daseinstrichter" herauszufiltern. Schon aus dieser Erkenntnis wird deutlich, daß alles, was unsere Traumphase während des Schlafes unterdrückt, wie übermäßiger Alkoholgenuß oder Schlafmittel, letztendlich eine Gefahr für eine positive Streßbilanz darstellt und damit dem Burnout Vorschub leistet!

Phase V:

Wenn es nicht gelingt, in Phase I (Wahrnehmung und Interpretation sowie Reaktion auf eine Situation) und Phase II (Verarbeitungs-Repertoire) Einstellungen und Verhalten für einen sinnvollen Streßabbau aus dem Bewußtsein heraus zu verändern und zu positivieren, so reicht der Verarbeitungsmechanismus der Traumphase nicht mehr aus, und der Trichter füllt sich mit Streßeinheiten bis in die unterste Spitze, den psychosomatischen Bereich. Der Mensch wird krank, Symptome körperlichen Unwohlseins sowie tatsächlich „meßbare" Krankheitsbilder treten auf.

Diese Krankheitsbilder, wiederum in einen positiven Zusammenhang gebracht, können aber auch als ein deutliches Signal gewertet werden. Sie können Änderungen in Denk- und Handlungsstrukturen auslösen, dienen als Chance, die Ursachen dieser Symptomatik zu ergründen und zu beseitigen.

Wir haben uns in diesem Kapitel mit der Streßbilanz der Gesellschaft und dem individuellen Wirkmechanismus von Distreß auseinandergesetzt. Sicher haben Sie bereits Chancen für sich erkannt, die eine Änderung in Ihrem Denken, Ihrer Einstellung und Ihrem Handeln auszulösen vermögen. Wenn Sie hier bereits neugierig auf sich und Ihr Leben geworden sind, werden Sie jetzt konkret erfahren, welche Symptome bei einem beginnenden oder bestehenden Burnout auftreten, wie sie zusammenhängen und welche Antworten es darauf gibt. Dann haben Sie eine spannende „Reise" vor sich: Ihre persönliche Reise in ein zufriedenes, sinnerfülltes Leben.

Die Auswirkungen

Jeder von uns weiß um den sogenannten „psychosomatischen Regelkreis", der, vereinfacht dargestellt, folgendes bedeutet:

Ebenso wie unsere Seele (Psyche) in ihren Empfindungen auf Erlebtes reagiert, reagiert auch unser Organismus körperlich (somatisch) entsprechend. Längst ist es kein Geheimnis mehr, daß übermäßiger Ärger und Enttäuschung „auf den Magen schlagen" können, daß uns „eine Laus über die Leber läuft". Wir reden von „Nackenschlägen" oder vom „gebrochenen Herzen". Bestimmt finden Sie hierzu noch viele Beispiele aus unserer Sprache, die bildhaft einen Zusammenhang zwischen Empfindung und körperlicher Reaktion aufzeigt. Tatsächlich sind psychosomatische Erkrankungen keineswegs „eingebildete" Schmerzen: Selbst da, wo der Arzt ein Magengeschwür feststellt, kann die Ursache im psychischen Bereich liegen.

Umgekehrt wirken aber somatische Symptome auch wieder auf die Psyche zurück, so daß – um im obigen Beispiel zu bleiben – neben all dem Ärger, den ich „schlucken" muß, nun auch noch ein handfestes Magengeschwür hinzukommt. Die Sorge um die Gesundheit kann zum zusätzlichen Belastungsfaktor werden, der Unruhe und Angst auslöst. Ein Teufelskreis hat begonnen.

Und so kann unser Gesamtorganismus auf eine negativ empfundene Lebenssituation reagieren:

– körperlich: Magen-/Darm-Störungen, Kopfschmerzen, Gliederschmerzen, Libidoverlust, Muskelschmerzen

Faktoren, die unsere Einstellung zur Welt und zu uns selbst prägen 23

– seelisch: Ermüdung, Konzentrationsschwäche, Ängste, Sorgen, Unruhe, Ärger, Aggressivität, Verweigerung

Dieser Gesamtzustand hat zur Folge, daß wir uns nicht mehr „wohl in unserer Haut" fühlen. Im schlimmsten Falle kann es soweit gehen, daß wir den Sinn des Lebens in Frage stellen. Die folgende Abbildung soll verdeutlichen, wie gefährlich und schleichend die Eigendynamik vom Beginn erster Anzeichen bis hin zum tatsächlichen „Burnout" ist:

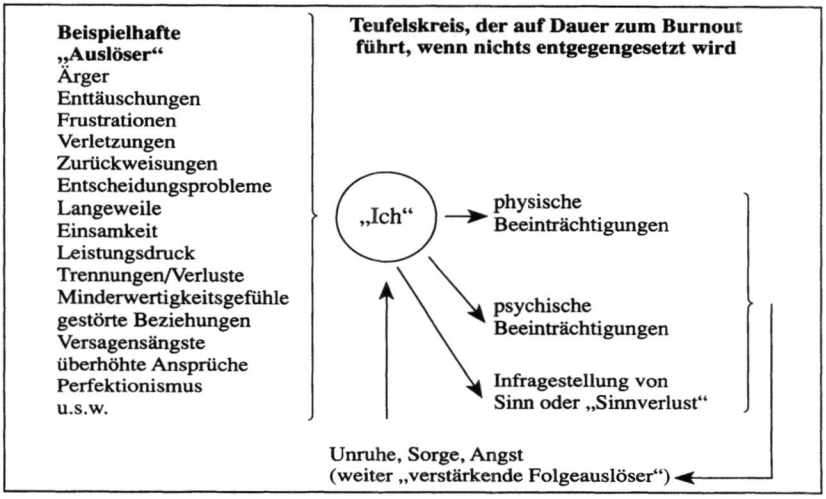

Der Burnout-Teufelskreis

Sind wir erst einmal in diesem Teufelskreis gefangen und können wir ihm auf Dauer nichts entgegensetzen, so spüren wir, daß wir immer mehr „ausbrennen" und zu resignieren beginnen. Bevor wir uns der Frage zuwenden, was jetzt weiter passiert und wie wir mit dieser Bedrohung umgehen, prüfen Sie doch einmal für sich, wie es um Ihr derzeitiges Wohlbefinden bestellt ist. Der folgende Test stellt die Tendenz Ihres gegenwärtigen „Burnout-Faktors" dar, ein sich anschließendes Selbsteinschätzungsprofil gibt im Überblick Auskunft darüber, wie Sie sich momentan fühlen.

Erste persönliche Bestandsaufnahme

Test* zur Feststellung des Burnout-Faktors

Bitte beantworten Sie die folgenden Fragen, und entscheiden Sie, welche der drei Antwortmöglichkeiten *am ehesten* auf Sie zutrifft. Tragen Sie in die Tabelle für jedes „grundsätzlich ja" 2 Punkte, für jedes „manchmal" 1 Punkt und für jedes „nein" 0 Punkte ein. Am Schluß werden alle Punkte addiert, und Sie erhalten Ihre persönliche Gesamtsumme.

		grundsätzlich ja	manchmal	nein
1	Ärgern Sie sich leicht?			
2	Sind Sie übersensibel?			
3	Sind Sie in allem sehr genau?			
4	Sind Sie ehrgeizig?			
5	Sind Sie leicht ängstlich?			
6	Sind Sie unzufrieden mit Ihrer Situation?			
7	Werden Sie leicht ungeduldig?			
8	Können Sie sich schwer für etwas entscheiden?			
9	Sind Sie leicht aufgeregt?			
10	Sind Sie neidisch?			
11	Sind Sie eifersüchtig?			
12	Fühlen Sie sich unsicher in Gegenwart Ihres Chefs?			
13	Fühlen Sie sich unentbehrlich auf Ihrer Arbeitsstelle?			
14	Müssen Sie häufig unter Zeitdruck arbeiten?			
15	Leiden Sie an Minderwertigkeitsgefühlen?			
16	Mißtrauen Sie Ihrer Umgebung?			
17	Können Sie sich über Kleinigkeiten nicht freuen?			

Testfragen zu Ihrem Burnout-Faktor

* Fragenkatalog nach R. Ruthe, „Streß muß sein", Freiburg (Herder) 1977

		grundsätzlich ja	manchmal	nein
18	Fällt es Ihnen schwer, abzuschalten und Ihre Sorgen zu vergessen?			
19	Rauchen Sie mehr als 5 Zigaretten täglich? Rauchen Sie hin und wieder Pfeife oder Zigarren?			
20	Rauchen Sie mehr als 20 Zigarretten täglich? Rauchen Sie häufig Pfeife oder Zigarren?			
21	Rauchen Sie mehr als 30 Zigaretten pro Tag? Rauchen Sie ständig Pfeife oder Zigarren?			
22	Schlafen Sie schlecht?			
23	Fühlen Sie sich morgens wie gerädert?			
24	Sind Sie wetterempfindlich?			
25	Beträgt Ihr Puls in Ruhe über 80 pro Minute?			
26	Haben Sie Übergewicht?			
27	Sind Sie bewegungsfaul?			
28	Haben Sie öfter Herzschmerzen?			
29	Haben Sie dunkle Ringe unter den Augen?			
30	Sind Sie lärmempfindlich?			
31	Haben Sie leicht Kopfschmerzen?			
32	Haben Sie öfter Magenbeschwerden?			
33	Schwitzen Sie bei Aufregungen leicht an den Handinnenflächen?			
34	Essen Sie viel tierisches Fett (Wurst, Eier, fettes Fleisch usw.)			
35	Essen Sie oft Süßigkeiten?			
36	Fahren Sie mit Ihrem Auto zur Arbeitsstätte?			
	Summe:			
	Meine Gesamtpunktzahl			

Testfragen zu Ihrem Burnout-Faktor

Was sagt die von Ihnen erreichte Punktzahl aus?

1 bis 6 Punkte	Ihr Wohlbefinden scheint ungestört, Sie sind in aller Regel stabil und belastbar.
7 bis 13 Punkte	Leichte Einbrüche beeinträchtigen Ihre Befindlichkeit, aber Sie bewegen sich durchaus noch im Bereich des Durchschnitts. Trotzdem: Auch ersten Anzeichen sollte schon etwas entgegengesetzt werden.
14 bis 20 Punkte	Sie befinden sich in einem Grenzbereich, in dem zeitweise durchaus Überlastungen entstehen können. Es ist wichtig, kontinuierlich etwas für sich zu tun, um sich vor der Gefahr einer Verschlimmerung zu schützen.
21 bis 30 Punkte	Ihr Wohlbefinden scheint eindeutig angeschlagen, die Gefahr eines beginnenden, schleichenden Burnout ist nicht mehr von der Hand zu weisen. Sprechen Sie deshalb mit Ihrem Arzt, und lassen Sie Ihre Symptome einmal gründlich auf mögliche Ursachen abklären.
ab 31 Punkte	Sie müssen dringend etwas tun, vielleicht sogar Ihr Leben umstellen. Die Gefahr des vorzeitigen Ausbrennens ist nicht mehr auszuschließen; eine ärztliche Grunduntersuchung scheint zwingend.

Selbsteinschätzungsprofil und biographischer Hintergrund

Sie haben Ihre persönliche Punktzahl im vorangegangenen Test ermittelt. Jetzt kommt es darauf an, das Ergebnis im Zusammenhang mit Ihrer individuellen „Gefühlssituation" zu sehen.

Bitte sehen Sie sich folgende Gegensatzpaare an:

	Selbsteinschätzung in der Gegenwart		
	Ich empfinde mich derzeit als ...		
eher so	Nullinie		eher so
	Grad der Zustimmung ◯ Grad der Zustimmung		
gesund			krank
frei			abhängig
fröhlich			traurig
stark			schwach
voller Energie			antriebsarm
geliebt			nicht geliebt
spontan			gehemmt
gesellig			isoliert
unentbehrlich			entbehrlich
wertvoll			wertlos
selbstbestimmt			fremdbestimmt
zuverlässig			unstet
lustbetont			nur verpflichtet
großzügig			kleinkrämerisch
klar denkend			in Grübeln verstrickt
individuell			angepaßt
glücklich			depressiv
zufrieden			unzufrieden

Selbsteinschätzungsprofil

Wie stark ist Ihre Zustimmung zum einen oder anderen Pol? Nehmen wir als Beispiel das erste Gegensatzpaar: Fühlen Sie sich eher gesund oder krank? Angenommen, Sie empfinden sich als gesund, dann gehen Sie von der Nullinie aus soweit nach links zum Begriff „gesund", wie es der Stärke Ihrer Zustimmung entspricht, und machen dort ein Kreuzchen.

Ganz links könnte Ihr Kreuzchen beispielsweise heißen: „Ich fühle mich absolut gesund und topfit." Etwa in die Mitte zwischen „gesund" und Nullinie: „Ich fühle mich weitgehend gesund und habe nur sehr selten irgendwelche körperlichen Beschwerden."

Fühlen Sie sich aber eher krank, dann würde Ihr Kreuzchen ganz rechts etwa bedeuten: „Ich fühle mich sehr krank und lebe dauernd mit Beschwerden". Auf der Mitte zwischen Nullinie und „krank": „Ich habe relativ oft Beschwerden und fühle mich gesundheitlich ziemlich angegriffen."

Ein Kreuzchen direkt auf der Nullinie bedeutet, daß Sie sich derzeit selbst als „zwischen den Polen befindlich" einschätzen.

Entsprechend dieses Beispiels verfahren Sie bitte jetzt mit jedem Gegensatzpaar und geben dem einen oder anderen Pol in der Stärke Ihrer Zustimmung ein Kreuzchen. Wenn Sie nach Schluß der Selbstbefragung Ihre Kreuze nacheinander von oben nach unten mit einer Linie verbinden, so erhalten Sie, wie bei einer Fieberkurve, ein Profil Ihres derzeitig empfundenen Lebensgefühls.

Nachdem Sie Ihre Kreuzchen gesetzt und miteinander verbunden haben, sollten Sie Ihr Selbsteinschätzungsprofil auch insgesamt betrachten: Besonders in den Ausschlägen nach rechts von der Nullinie können Ihnen Schwachstellen des derzeitigen Lebenssystems deutlich werden. Sehen Sie zwischen diesen Ausschlägen und dem Ergebnis des vorangegangenen Tests zum Burnout-Faktor Zusammenhänge? Vielleicht entdecken Sie auf diese Weise schon Möglichkeiten, an welchen beruflichen oder privaten Situationen etwas aktiv verändert werden müßte.

Vielleicht wird Ihnen auch bewußt, daß gewisse Tendenzen und Lebensmuster sich aus Ihrer Biographie heraus erklären lassen und sich durch Ihren Lebenslauf bis heute hindurchziehen. Hierzu sollen einige grundlegende Fragen zu Ihrem Lebenslauf bei Ihrer Selbstreflexion helfen. Bitte lassen Sie sich bei der (möglichst schriftlichen) Beantwortung genügend Zeit und Ruhe, bevor Sie mit dem nächsten Kapitel beginnen:

1. Welche besonderen Erlebnisse, Erfahrungen, Ereignisse fallen Ihnen spontan ein:
   – aus der frühen Kindheit
   – aus der Pubertät
   – aus der Schulzeit

- aus der Zeit der Berufsausbildung
- nach der Berufsausbildung

2. Wie war Ihr Verhältnis zu Vater/Mutter in diesen Zeitabschnitten?
   - Wurden Sie verwöhnt oder vernachlässigt?
   - Wie war das Verhältnis der Eltern zueinander?
   - Waren Sie ein erwünschtes Kind?
   - Wie wurde gelobt, getadelt, gestraft?
   - Haben Ihre Eltern mit Ihnen geschmust?
   - Fühlten Sie sich in der Familie geborgen?
   - Wurden Probleme besprochen?
   - Wer war von den Eltern der aktivere Teil?
   - Wer hatte die Autorität?
   - Wen liebten Sie mehr?
   - Hatten Sie Angst vor den Eltern?
   - Waren die Eltern ein Vorbild?
   - Wem ähneln Sie am meisten?
   - Gibt es Lebensregeln oder Vorschriften aus Ihrer Kindheit und Jugend, die heute noch Geltung für Sie haben?

3. Wie war Ihr Verhältnis zu Geschwistern?
   - Gab es Bevorzugungen oder Benachteiligungen?
   - Wie war es mit dem Zusammenhalt? Bestand Rivalität?

4. Welche Freundschaften gab es in der frühen Kindheit, in der Pubertät, in den Folgejahren?
   - Was machte die Freundschaft aus?
   - Gibt es auch heute noch Freunde von früher?
   - Wie waren die ersten Kontakte zum anderen Geschlecht?
   - Was bedeutet Sexualität für Sie?

5. Welche anderen, wichtigen Bezugspersonen gab bzw. gibt es in Ihrem Leben?
   - Großeltern
   - Lehrerinnen/Lehrer
   - Kollegen
   - Vorgesetzte
   - andere

   Waren sie Vorbilder oder eher das Gegenteil?
   Gibt es aus diesen Beziehungen noch Auswirkungen bis heute?

6. Konnten Sie den Beruf wählen, den Sie sich wünschten?
7. Haben Sie einen Partner?
   – Wie ist Ihr Verhältnis zueinander?
   – Gibt es in Ihrer Partnerschaft Tendenzen, die Sie aus Ihrer „Ursprungsfamilie" her kennen?
   – Sind Sie mit Ihrem Geschlecht zufrieden?
8. Welche Wünsche, Phantasien, Visionen haben Sie derzeit?

II. Ausgebrannt und leer – Bedrohung, Antwort und Chance

Ursachen der Bedrohung im gegenwärtigen Umfeld

Die alles entscheidenden Rückmeldungen

In Ihrer ersten persönlichen Bestandsaufnahme haben Sie sich selbst Rückmeldungen zu Ihrem derzeitigen Befinden und Ihrer Biographie gegeben. Sozusagen in einem „inneren Dialog mit sich selbst" haben Sie sich subjektiv für Ihre Antworten (Rückmeldungen) entschieden. Die Bewertung Ihrer Antworten, beispielsweise im Test durch erreichte Punktzahlen, stellt eine Rückmeldung „von außen" dar, die zu weiteren Überlegungen im „inneren Dialog" führt. Dieser beispielhaft angesprochene „Regelkreis" läßt sich durchaus verallgemeinern:

„Rückmeldungen" (Feedback) sind, ob aus „innerem Selbstgespräch" heraus oder „von außen" gegeben, Mosaiksteine, die in unser „Lebenspuzzle" eingefügt wurden und unser Gesamtbild letztendlich bestimmen. Hierbei kommt der Frage, wie die „Rückmeldungen" bewertet und empfunden werden, eine zentrale Bedeutung für unser Wohlbefinden zu.

Wichtig ist zu wissen, daß zwischen den „Rückmeldungen von außen" und denen „von innen" ein ständiger Austausch und eine gegenseitige Bedingtheit vorliegen, die unser Verhalten und unsere Einstellungen zur Außenwelt wie auch zu uns selbst entscheidend mitbestimmen. Diesen Zusammenhang soll in vereinfachter Form die Abbildung auf Seite 32 noch einmal verdeutlichen.

Solange wir Rückmeldungen als positiv, anspornend und akzeptierend empfinden, solange hat Burnout keine Chance, denn wenn wir uns in unserem subjektiven „So-Sein" bestätigt fühlen, wachsen Selbstvertrauen und Selbstwert. Dies gilt sowohl im privaten wie auch im beruflichen Bereich.

Auch dort, wo positive Rückmeldungen (aus uns selbst oder von außen) zumindest den negativen Rückmeldungen gegenüber als dominierend ge-

32 Ausgebrannt und leer – Bedrohung, Antwort und Chance

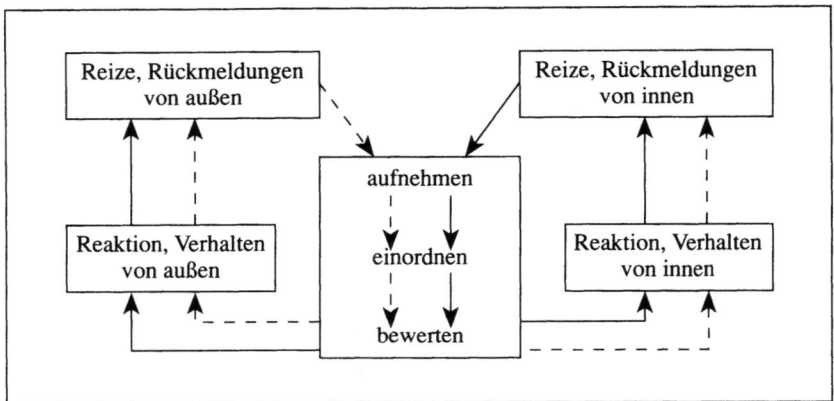

Vereinfachter Regelkreis der Rückkoppelung

wertet werden, bleibt die Gefahr des Burnout weitestgehend gebannt, das Leben erscheint lebenswert und sinnerfüllt. Wenn jedoch positives Feedback fehlt, brennt der Mensch auf Dauer gesehen langsam, schleichend aus. Offenbar gibt es eine „Abhängigkeit" von positiven Rückmeldungen, die unser Lebensgefühl bestimmen. Woran liegt das?

Wir sind soziale Wesen und können nicht allein für uns existieren. Deshalb müssen im sozialen Umfeld, privat und beruflich, bestimmte Grundbedürfnisse für den einzelnen erfüllt sein, um sich „irgendwie wohlzufühlen", auch um Leistungen erbringen zu können. Unser Leben muß einen inneren Anreiz haben, der durch Rückmeldungen positiv verstärkt wird und uns zur Selbstverwirklichung motiviert. Im Rahmen der psychologischen Forschung zur menschlichen Motivation sind insbesondere zwei Schwerpunkte zu nennen:

– Rückmeldungen im sach- und inhaltsbezogenen Bereich
– Rückmeldungen auf der menschlich-personalen Ebene

Im ersten Schwerpunkt geht es darum, sich mit Inhalten, mit dem sachlichen Anreiz einer Aufgabe auseinanderzusetzen, hierbei Freude und positive Herausforderung zu empfinden, die als erfolgreiche Rückmeldung (Feedback) eine positive Einstellung zur Aufgabe bewirkt.

Jemand, der zum Beispiel kein besonderes Interesse an Physik entwickelt hat, wird bei Aufgabenstellungen und Herausforderungen in diesem Bereich keine hohe Motivation entwickeln. Ein Dolmetscher, der keine Affinität zum Gegenstand Sprache mitbringt, wird auf der sachlich-inhaltlichen Ebene ebenso nur wenig positive Rückmeldungen erleben.

Wer sich mit dem Inhalt dessen, was er tut, nicht identifiziert, gerät deshalb sehr viel eher in eine persönliche Krise als derjenige, der aus eigenen subjektiven Überlegungen heraus eine Sache verfolgt. Deshalb ist es wichtig, sich selbst darüber klar zu werden, ob das, was man tut, auch dem entspricht, was man tun möchte. Ist die Sache, der Inhalt, die Lebenssituation den Neigungen, Fähigkeiten und Fertigkeiten angemessen? Ist das, was ich tue – rein sachlich gesehen –, wirklich das, was mich interessiert? Macht mir die Sache, der Inhalt Spaß? Bin ich ganz „bei" beziehungsweise „in" der Sache? Bitte versuchen Sie wieder, prinzipiell nur auf die Sach- und Inhaltsebene bezogen, diese Fragen im Sinne Ihres inneren Dialoges zu beantworten:

Weitestgehend interessiert mich das, was ich derzeit als meine Aufgabe ansehe. ja ☐ nein ☐

Ich habe mich arrangiert. ja ☐ nein ☐

Eigentlich möchte ich etwas ganz anderes tun, und zwar interessiert mich besonders ─────────

Der zweite Schwerpunkt Ihres inneren Dialogs befaßt sich mit den Rückmeldungen auf und innerhalb der sozialen Ebene, und zwar in den Bereichen
– Zugehörigkeit,
– Identifikation,
– Geltung,
– Selbstwert,
– Anerkennung.

Prinzipiell gilt, daß in allen fünf Bereichen positive Rückmeldungen notwendig für unser Wohlbefinden sind. Insbesondere dort, wo das „inhaltsbezogene Feedback" schwach ausgeprägt ist, muß gerade im sozial menschlichen Bereich positive Rückmeldung gegeben werden. Bitte beantworten Sie folgende Fragen:

Zugehörigkeit:

Fühle ich mich wirklich als Mitglied einer Gruppe (Kollegen- und Mitarbeiterkreis, Familie, Freunde ...)?

Meine Antwort: ⎯⎯⎯⎯⎯⎯⎯⎯⎯⎯⎯⎯⎯⎯⎯⎯⎯⎯⎯⎯

Identifikation:

Bin ich mit den Zielen und Überzeugungen meiner Gruppe(n) einverstanden, oder habe ich vielleicht ganz andere Überzeugungen?

Meine Antwort: ⎯⎯⎯⎯⎯⎯⎯⎯⎯⎯⎯⎯⎯⎯⎯⎯⎯⎯⎯⎯

Geltung:

Fühle ich mich wichtig in meinem beruflichen Umfeld, in meiner Familie? Gelte ich in meiner Gruppe etwas?

Meine Antwort: ⎯⎯⎯⎯⎯⎯⎯⎯⎯⎯⎯⎯⎯⎯⎯⎯⎯⎯⎯⎯

Selbstwert:

Habe ich von mir selbst eine positive Überzeugung? Bin ich mir selbst wichtig und wertvoll?

Meine Antwort: ⎯⎯⎯⎯⎯⎯⎯⎯⎯⎯⎯⎯⎯⎯⎯⎯⎯⎯⎯⎯

Anerkennung:

Werde ich für das, was ich tue, aber auch für das, was ich „bin", genügend gelobt? Erhalte ich Anerkennung, Ermunterung und Zuspruch? Genieße ich Achtung und Vertrauen?

Meine Antwort: ⎯⎯⎯⎯⎯⎯⎯⎯⎯⎯⎯⎯⎯⎯⎯⎯⎯⎯⎯⎯

Erfahren wir zuwenig positives Feedback (oder empfinden hier zuwenig als positiv) auf der sozialen Ebene, so entsteht ein innerer Konflikt. Ursache hierfür ist, daß ein Grundbedürfnis des Menschen nach „Geliebtwerden" nicht erfüllt wird. Und wer wollte vor sich selbst leugnen, daß das Gefühl, geliebt zu werden, nicht nur im privaten, sondern auch im beruflichen Umfeld eine nicht zu unterschätzende Rolle spielt. Wie schon erwähnt: Solange wir Rückmeldungen als positiv, anspornend und akzeptierend empfinden, uns in unserem „So-Sein" anerkannt fühlen, solange hat Burnout kaum eine Chance. Wer sich geliebt fühlt, trägt eine Art „Schutzmantel".

Das Gefühl jedoch, ungeliebt zu sein, erzeugt einen inneren Konflikt, eine innere Disharmonie, die jetzt alle Kräfte in Gang setzt, auf die „andere Seite", die Seite des Geliebtwerdens, zu kommen. Wir versuchen, einer Art drohenden Isolation zu entgehen. Wir verdoppeln unsere Anstrengungen („Wenn ich mehr leiste, wird man mich mögen ..."), wir machen Kompromisse, die wir eigentlich nicht wollen („Wenn ich dem anderen gefällig bin, dann ..."). Wir perfektionieren unsere Arbeit oder unser Verhalten („Nur wer keine Fehler macht, wird gemocht"), wir „überziehen" unsere Autorität („Nur der Mächtige, der Boß genießt Zuneigung").

Doch welche Strategie wir uns auch zurechtlegen, über erste Scheinerfolge kommen wir selten hinaus. Das wirkliche Gefühl des Geliebtwerdens stellt sich auf Dauer nicht ein, und die Frage, woran es denn liegt, daß wir trotz aller Mühe nicht das bekommen, was wir für unser Wohlbefinden grundlegend brauchen, kann jetzt zum Mittelpunkt unseres inneren Dialoges werden.

Erinnern Sie sich an das Beispiel der brennenden Kerze, der ein Glas übergestülpt wird? Wir hatten dieses Bild auf uns selbst übertragen. Diesmal sind es die in uns selbst vorgenommenen Bewertungen und Beurteilungen, die wir uns selbst negativ „überstülpen". Wir haben damit begonnen, uns selbst negative Rückmeldungen zu geben, die uns immer weiter in innere Spannungen treiben:

– Ich bin ein Versager.
– Ich zweifle an meinen Fähigkeiten und Fertigkeiten.
– Die anderen sind alle besser, klüger, attraktiver.
– Ich kann zuwenig.
– Ich bin weniger wert als andere Menschen.
– Ich bin fehlerhaft und zu schwach.
– So, wie ich bin, würde ich mich auch nicht mögen.
– Ich habe doch nichts zu bieten.
– Es geschieht mir recht, daß ich einsam bin.

Je mehr dieser negative innere Dialog unser Denken, Fühlen und Handeln zu bestimmen anfängt, desto größer werden Schuldgefühle, Selbstzweifel und Minderwertigkeitsgefühle.

Wir haben das Empfinden, daß eine innere Unruhe und (An-)Spannung anwächst, die uns „zerreißen" könnte. Stellen Sie sich einen gespannten Bogen vor, von dem ein Pfeil abgeschossen werden soll. Um den Pfeil ins Ziel zu bringen, ist Spannung notwendig, aber eben nur bis zu einem gewissen Grad. Wird der Bogen überspannt, dann zerbricht er. Aus kraftvoller, zielgerichteter Spannung wird Kraftlosigkeit, ein Zusammenbruch dessen, was das Funktionieren des Bogens ausmacht.

Sehen wir uns den Weg eines Menschen an, dem es an positiver menschlich-sozialer Rückmeldung mangelt:

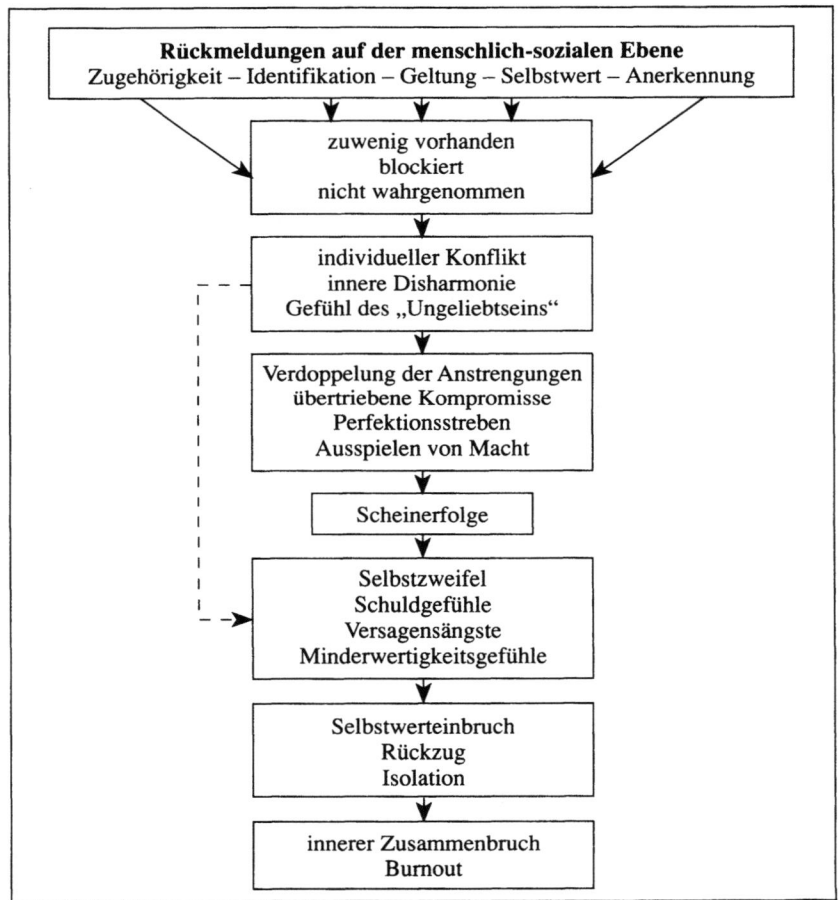

Soziales Feedback und Burnout

Ursachen der Bedrohung im gegenwärtigen Umfeld

Wie es in einem Menschen aussieht, dessen innerer Dialog zu Rückzug und Isolation geführt hat, der mitten im Burnout steht, schildert eindrucksvoll die nachfolgende Veröffentlichung eines unbekannten Verfassers:

> *„Bitte höre, was ich nicht sage! Laß Dich nicht von mir narren. Laß Dich nicht durch das Gesicht täuschen, das ich mache. Denn ich trage tausend Masken, die ich fürchte abzulegen. Und keine davon bin ich. So tun, als ob, ist eine Kunst, die mir zur zweiten Natur wurde. Aber laß Dich dadurch nicht täuschen, um Gottes willen, laß Dich nicht von mir narren.*
>
> *Ich mache den Eindruck, als sei ich umgänglich, als sei alles sonnig und heiter in mir, innen wie außen, als sei mein Name Vertrauen und mein Spiel Kühle, als sei ich ein stilles Wasser und als könne ich über alles bestimmen, so, als bräuchte ich niemanden.*
>
> *Aber glaub mir nicht, bitte, glaub mir nicht! Mein Äußeres mag sicher erscheinen, aber es ist meine Maske. Darunter ist nichts Entsprechendes. Darunter bin ich, wie ich wirklich bin: verwirrt, in Furcht und alleine. Aber ich verberge das. Ich möchte nicht, daß es irgend jemand merkt. Beim bloßen Gedanken an meine Schwächen bekomme ich Panik und fürchte mich davor, mich anderen überhaupt auszusetzen. Gerade deshalb erfinde ich verzweifelt Masken, hinter denen ich mich verbergen kann: Eine lässige, kluge Fassade, die mir hilft, etwas vorzutäuschen, die mich vor dem wissenden Blick sichert, der mich erkennen würde. Dabei wäre dieser Blick gerade meine Rettung. Und ich weiß es. Wenn er verbunden wäre mit Angenommenwerden, mit Liebe. Das ist das einzige, das mir die Sicherheit geben würde, die ich mir selbst nicht geben kann: Daß ich wirklich etwas wert bin. Aber das sage ich Dir nicht. Ich wage es nicht. Ich habe Angst davor. Ich habe Angst, daß Dein Blick nicht von Annahme und Liebe begleitet wird. Ich fürchte, Du wirst gering von mir denken und über mich lachen, und Dein Lachen würde mich umbringen. Ich habe Angst, daß ich tief drinnen in mir selbst nichts bin, nichts wert und daß Du das siehst und mich abweisen wirst.*

So spiele ich mein Spiel, mein verzweifeltes Spiel: die sichere Fassade außen und ein zitterndes Kind innen.

Ich rede daher im gängigen Ton oberflächlichen Geschwätzes. Ich erzähle Dir alles, was wirklich nichts ist, und nichts von alledem, was wirklich ist, was in mir schreit, deshalb laß Dich nicht täuschen von dem, was ich aus Gewohnheit rede.

Bitte höre sorgfältig hin und versuche zu hören, was ich nicht sage, was ich gerne sagen möchte, was ich um des Überlebens willen rede und was ich nicht sagen kann.

Ich verabscheue Versteckspiel. Ehrlich! Ich verabscheue dieses oberflächliche Spiel, das ich da aufführe. Es ist ein unechtes Spiel. Ich möchte wirklich echt und spontan sein können, einfach ich selbst, aber Du mußt mir helfen. Du mußt Deine Hand ausstrecken, selbst wenn es gerade das letzte zu sein scheint, was ich mir wünsche. Jedesmal, wenn Du freundlich und sanft bist und mir Mut machst, jedesmal, wenn Du zu verstehen versuchst, weil Du Dich wirklich um mich sorgst, bekommt mein Herz Flügel – sehr kleine Flügel, sehr brüchige Schwingen, aber Flügel!

Dein Gespür, Dein Mitgefühl und die Kraft Deines Verstehens hauchen mir Leben ein. Ich möchte, daß Du das weißt. Ich möchte, daß Du weißt, wie wichtig Du für mich bist: Du kannst die Wand niederreißen, hinter der ich zittere. Du kannst mir die Maske abnehmen. Du kannst mich aus meiner Schattenwelt, aus Angst und Unsicherheit befreien – aus meiner Einsamkeit. Übersieh mich nicht. Bitte – bitte, übergeh mich nicht! Es wird nicht leicht für Dich sein. Die lang andauernde Überzeugung, wertlos zu sein, schafft dicke Mauern. Je näher Du mir kommst, desto blinder schlage ich zurück. Ich wehre mich gegen das, wonach ich schreie. Aber man hat mir gesagt, daß Liebe stärker sei als jeder Schutzwall. Und darin liegt meine Hoffnung. Bitte versuche, diese Mauern einzureißen, mit sicheren, aber zarten Händen: Ein Kind ist sehr empfindsam. Wer ich bin, magst Du fragen? Ich bin jemand, den Du sehr gut kennst. Denn ich bin jeder Mann und jede Frau, die Dir begegnen können.

Der innere Dialog

Den inneren Dialog haben wir als eine Art gedankliches Selbstgespräch kennengelernt, das in Rückkoppelung zu unseren Erfahrungen steht. Hierbei spielen viele unbewußte Mechanismen eine Rolle, und zunächst müssen wir uns klar darüber werden, daß dieser innere Dialog ununterbrochen in uns stattfindet, selbst im Schlaf, wo wir durch unsere Träume mit unserer Innenwelt in Verbindung treten. Auf diese Weise vernetzen wir bewußte und unbewußte Strukturen, verarbeiten unsere Erlebnisse sowohl gedanklich-logisch als auch emotional. Unsere Strategien, Verhaltensweisen und Empfindungen sind letztendlich Resultat dieses inneren Dialoges.

In der Transaktionsanalyse wird dieser innere Dialog dargestellt als Beziehungsgeflecht dreier *Ich-Ausprägungen:* einem inneren *Kindheits-Ich*, dem *Eltern-Ich* und dem *Erwachsenen-Ich*. Diese drei Gesprächspartner diskutieren (oft blitzschnell) eine Situation, bewerten diese und bewirken ein bestimmtes Verhalten als Ergebnis. Das Ergebnis ist abhängig von der *Ich-Ausprägung,* die in der betreffenden Situation die Oberhand hat: Wir können „als Kind", „als Eltern" oder „als Erwachsener" reagieren, und zwar aktiv oder passiv. Dies ist wechselseitig abhängig von der jeweiligen Situation, in der wir uns befinden, und von den Menschen, mit denen wir es in dieser Situation zu tun haben. Ohne an dieser Stelle auf die Transaktionsanalyse ausführlich einzugehen, verdeutlicht die Abbildung auf Seite 40 diese beiden sich bedingenden Möglichkeiten vom Grundsatz her noch einmal.

Nehmen wir ein einfaches Beispiel:

Herr Meier kommt zu spät zu einer Einladung, weil er auf der Fahrt in einen Stau geraten ist. Als er schließlich verspätet bei den Gastgebern eintrifft, sagt er: „Es tut mir sehr leid, daß Ihr warten mußtet, ich hätte früher losfahren müssen, um Euch keine Unannehmlichkeiten zu bereiten."

In der gleichen Situation, allerdings bei anderer Ich-Ausprägung, würde Herr Müller vielleicht sagen: „Ich bin zwar zu spät, aber Ihr seid ja auch nicht immer pünktlich." Und schließlich Herr Schulz: „Ich steckte in einem Stau, es ging nicht früher."

Die gleiche Situation und doch drei völlig verschiedene Reaktionen: Herr Meier entschuldigt sich überschwenglich, sein schlechtes Gewissen wird

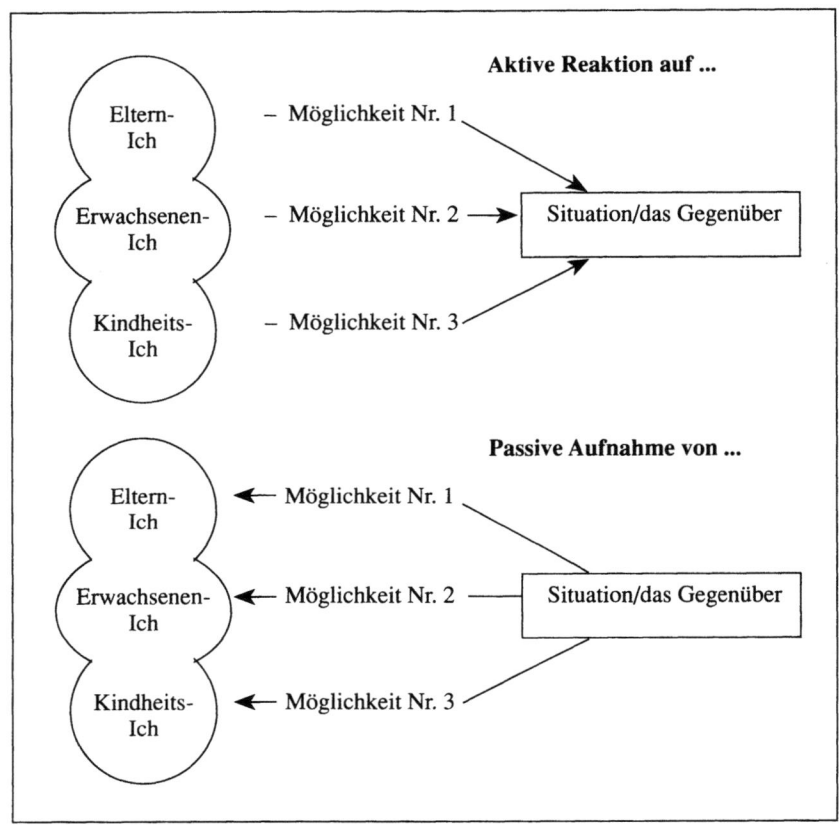

Das Beziehungsgeflecht der „Ich-Ausprägungen"

deutlich. Er bittet förmlich um Verzeihung, nach dem Motto: „Bitte nicht böse mit mir sein ...", und reagiert hiermit aus dem Kindheits-Ich heraus.

Herr Müller hingegen kehrt das Eltern-Ich heraus, er verdreht die Situation, indem er die Betroffenen tadelt und ihnen versteckt einen Vorwurf macht.

Herr Schulz stellt nur klar, macht die Situation deutlich ohne eigene Schuldgefühle oder Zurechtweisung an das Gegenüber. Er handelt aus dem Erwachsenen-Ich heraus.

Die Unterschiede im Verhalten ergeben sich aus verschiedenen Biographien, aus dem individuellen Fundus. Oft laufen unsere Verhaltensweisen unbewußt ab und erscheinen deshalb fast automatisch und zwangsläufig. Vielleicht auch deshalb, weil wir es nicht gelernt haben, unseren inneren Dialog wahrzunehmen und fair mit uns selbst zu kommunizieren.

Der eigentliche innere Dialog ist ja das, was der Reaktion oder der Bewertung einer Situation vorangeht. Am Ergebnis kann allenfalls abgelesen werden, aus welcher Ich-Ausprägung heraus er entschieden wurde.

Erinnern Sie sich, was es bedeutet, sich im inneren Dialog negative Rückmeldungen zu geben, die innere Spannungen bis hin zum Zerreißen zur Folge haben? Im wesentlichen liegt das daran, daß wir unseren inneren Dialog nicht wahrnehmen, ihn unfair führen und somit eigenes Unwohlbefinden geradezu heraufbeschwören.

Gehen wir noch einmal zu den drei Ich-Ausprägungen zurück, und geben wir ihnen neue Namen, um bildhaft damit zu spielen:

Der „Richter": belehrend, urteilend, allwissend, autoritär, unantastbar, tadelnd, allmächtig ... (so erlebten wir zum Teil unsere Eltern)

Der „Angeklagte": demütig, ausgeliefert, ängstlich, abhängig, unfrei, abwartend, allein ... (so fühlten wir uns oft als Kind)

Der „Anwalt": klärend, unabhängig, souverän, verteidigend, ordnend, beobachtend, abwägend ... (so sind wir oft, wenn wir autonom als Erwachsene handeln)

Bitte stellen Sie sich jetzt eine Gerichtsverhandlung vor, in welcher lediglich ein urteilender, bewertender Richter und Sie als Angeklagter aufeinandertreffen. Der eine ist groß und mächtig, der andere klein und abhängig. Halten Sie dieses Bild vor ihrem geistigen Auge fest – ist dies die Art und Weise, wie Sie in Ihrem inneren Dialog mit sich selbst umgehen?

Etwa so:

Ich fühle mich einer inneren Autorität unterworfen. Ich habe mich ohne Beistand und Hilfe zu verantworten. Ich bin schutzlos der eigenen inneren Be- und Verurteilung ausgeliefert. Ich muß den „Schuldspruch" akzeptieren und den Normen und Wertvorstellungen des Richters genüge tun. Ich habe keine Wahl, der richtenden Instanz zu entgehen oder sie gnädig zu stimmen.

Je länger Sie dieser Situation nachspüren, um so deutlicher wird Ihnen die Unfairneß dieses Verfahrens klar, zumal „Schuld" und „Verurteilung" von Anfang an zu diesem Spiel dazugehören. Es gibt also kein Entrinnen!

Anders, wenn Sie in Ihrem inneren Dialog einen „Anwalt" einschalten, eine Instanz, die ihre Interessen vertritt und verteidigend, ordnend und abwägend nach Sachlage vorgeht.

Es ist die innere Instanz, die uns nicht nur vor einer unfairen Vorverurteilung schützt, sondern auch dort, wo tatsächlich „Fehler" geschehen sind, eine sach- und situationsangemessene Bewertung individuell zu unserer Entlastung herbeiführt. Bitte versuchen Sie es selbst: Bevor Sie wieder mit sich ins Gericht gehen, stellen Sie dem Angeklagten seinen Anwalt zur Seite. Ziehen Sie alle mildernden Umstände in Betracht, und plädieren Sie – wo immer möglich – auf Freispruch.

Und denken Sie auch daran, daß keiner von uns perfekt ist und Fehler unausweichlich zum Leben dazugehören, daß es eben oft nur die „richterliche" Bewertung unserer Fehler ist, die es uns so schwer macht, mit Unzulänglichkeiten zu leben. Können wir die „richterliche Bewertung" anwaltlich relativieren, finden wir auch neue Kraft und Mut, aus gemachten Fehlern zu lernen und zu wachsen.

Wenn wir mit unserem „Anwalt" sprechen, dann sollten wir es immer so tun, als ob wir zu unserem besten Freund redeten, von dem wir zuverlässig wissen, daß er uns unterstützt und niemals fallen läßt.

Worauf es also ankommt, ist, den inneren Dialog liebevoll und fair zu führen. Wir sind das, was unsere Gedanken, Ideen und Empfindungen aus uns machen. Und hierfür sind wir tatsächlich selbst verantwortlich.

Die verzerrte Wahrnehmung

So unfair wir häufig mit uns in unserem inneren Dialog umgehen, so unfair bewerten wir auch Erfahrungen mit anderen. Wir haben verlernt, positiv zu denken, weil wir all das Positive eines Tages kaum oder gar nicht mehr wahrnehmen. Im Gegenteil: Wir registrieren und artikulieren oft nur noch das Störende, Negative, Unangenehme und haben uns daran gewöhnt, Schönes und Positives als selbstverständlich hinzunehmen.

Ursachen der Bedrohung im gegenwärtigen Umfeld 43

Wie sich dies letztlich und insgesamt negativ auf unser Wohlbefinden auswirken kann, zeigt die folgende Abbildung:

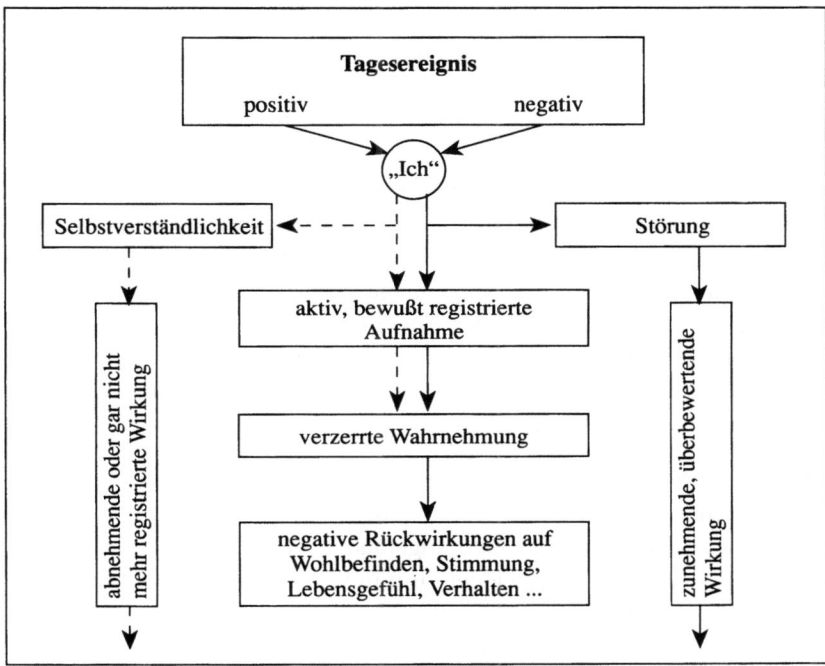

Verzerrte Wahrnehmung und Wohlbefinden

Ein Beispiel:

An einem schönen, sonnigen Morgen steht Herr Schmidt gut gelaunt auf. Nach einer erfrischenden Dusche und einem ausgiebigen Frühstück fährt er mit seinem Wagen zur Arbeit. Die Musik aus dem Autoradio animiert ihn, die Melodie mitzusingen. Mit einem fröhlichen „Guten Morgen" begrüßt er seine Kollegen und erwartet den ersten Geschäftspartner. Bei einem ausgezeichneten Arbeitsessen in gemütlicher Atmosphäre kommt es bald zu einem gelungenen Geschäftsabschluß. Weitere wichtige Kundenkontakte können noch am Nachmittag getätigt werden. Froh gestimmt fährt Herr Schmidt am Abend nach Hause. Kurz vor seiner Wohnung jedoch fährt – unachtsam aus einer Parklücke kommend – ein Auto auf die Fahrbahn und stößt mit Herrn Schmidts Wagen zusammen. Es ist nichts weiter passiert, nur der Kotflügel ist eingedrückt.

Als Herr Schmidt schließlich zu Hause ankommt, gibt es nur ein Gesprächsthema: die Beule am Auto, der Ärger hierüber und die erstaunliche Feststellung, daß dieser Tag wohl ziemlich „mies" gewesen sei.

Was ist geschehen? Herr Schmidt hat, ausgelöst durch das negative Ereignis, keinen Blick mehr für all das, was an diesem Tag positiv war. Er hat dem Negativen ein Übergewicht gegeben und aus der unbewußten Verzerrung seiner Wahrnehmung den ganzen Tag in die Kategorie „negativ" eingeordnet. Die Selbstverständlichkeit, mit der wir das hinnehmen, was in Ordnung und für uns passend erscheint, ist weit verbreitet. Da werden wir beispielsweise nach unserem letzten Urlaub befragt: Statt zu erwähnen, wie viele herrliche Sonnentage wir erleben konnten, berichten wir von den schrecklichen Tagen, an denen es ununterbrochen geregnet hat, wir keinen Fuß vor die Tür setzen konnten und sogar das Lokal um die Ecke geschlossen war. Wir erwähnen die Müllkippen und vergessen die Stille und Schönheit des Waldes.

Mit keinem Wort loben wir die guten Mahlzeiten, die wir mit unseren Familien gemeinsam einnehmen; wenn allerdings einmal die Suppe versalzen ist, wird dies artikuliert und angemahnt. Wenn es uns nicht gelingt, das positive Wahrnehmen wieder zu trainieren, kann es durch die Übergewichtung des Negativen zu einer Verzerrung unserer Wahrnehmung und zu unzulässigen Verallgemeinerungen kommen:

- „Wegen der Beule am Auto ist der ganze Tag mies gewesen."
- „Unser Urlaub war total verregnet."
- „In diesem Land gibt es offenbar nur Müllkippen."
- „Meine Frau ist keine besonders gute Köchin."

Gäbe man den Ereignissen eines ganz normalen Tages – ähnlich wie bei einer Waage – gleichwertig verteilte Gewichte, kämen wir zu ganz anderen Ergebnissen: Herr Schmidt in unserem Beispiel hätte dem negativen Ereignis (Kotflügel) durchaus folgende Positivgewichte entgegenzusetzen:

- ein schöner, sonniger Morgen,
- mit guter Laune aufgewacht,
- erfrischende Dusche,
- ausgiebiges Frühstück,
- die Musik im Radio, die Freude am Mitsingen,
- gutes Arbeitsessen und gemütliche Atmosphäre,

– gelungener Geschäftsabschluß,
– weitere wichtige Kundenkontakte getätigt,

und sicherlich noch vieles andere, was gut und wohltuend war, wie es zum Beispiel auch das fröhliche „Guten Morgen" eines Kollegen sein kann.

Was hier beispielhaft für einen Tag aufgezeigt ist, gilt um so mehr für längere Zeitspannen, wenn Tag für Tag vorwiegend Negatives addiert wird. Wir beginnen, unsere Wirklichkeit zu verzerren, ohne uns dessen bewußt zu sein; unser Wohlbefinden wird schleichend ausgehöhlt, die positive Gestimmtheit für uns selbst und andere nimmt ab; schließlich fühlen wir uns „ausgebrannt und leer ..." – die Burnout-Gefahr wird spürbar.

Hierzu ein Beispiel aus der Praxis:

Frau P. ist von Beruf Lehrerin und arbeitet an einer Hauptschule. Sie hat diesen Beruf mit hoher Motivation ergriffen und anfangs sehr gerne ausgeübt. Jetzt, nach drei Jahren Schuldienst, fühlt sie sich ausgebrannt und leer. Sie hat resigniert und will nur noch „raus aus der Schule". Als Begründung gibt sie in einer ersten Vorbesprechung an: „Ich kann einfach nicht mehr. Die Schüler sind alle völlig disziplinlos, tanzen mir auf der Nase herum. Niemand macht mehr seine Hausaufgaben. Es ist das reinste Chaos, ich bekomme kein Bein mehr auf den Boden. Ich bin völlig fertig und will nur noch weg. Was kann ich tun?" Frau P. sieht ihre Situation absolut negativ und ausweglos.

Neben vielen anderen Aspekten stellt sich folgende Überlegung ein: Handelt es sich vielleicht um eine verzerrte Wahrnehmung, um eine unzulängliche Verallgemeinerung?

Auf die Frage, ob es denn auch noch Positives in ihrem Beruf gäbe, zuckt Frau P. müde mit den Achseln und antwortet: „Ich wüßte nicht, was es da noch Schönes geben könnte." Dennoch bekommt Frau P. eine Aufgabe: Sie soll drei Wochen lang tagtäglich ein „positives Tagebuch" führen. Kein Tagebuch in dem Sinne, daß alle Geschehnisse und die damit verbundenen Gefühle chronologisch niedergeschrieben werden, sondern ein Tagebuch, in welchem ausschließlich die positiven Kleinigkeiten des Alltags aufgeführt sind. Frau P. ist von dieser Aufgabe nicht gerade begeistert, sondern sogar äußerst skeptisch, was dies denn in ihrer verfahrenen Situation noch bringen könne. Dennoch willigt sie ein.

Als Frau P. drei Wochen später wiederkommt, ist sie schon spürbar verändert. Sie hat zur zweiten Vorbesprechung ein mehrere Seiten umfassendes Heft, ihr „positives Tagebuch", mitgebracht, und ein erstaunliches Ergebnis tritt zu Tage: Dadurch, daß Frau P. aktiv ihre Wahrnehmung auf Positives lenken mußte, stellte sie fest, daß durchaus nicht *alle* Schüler disziplinlos sind, sondern es insgesamt nur (!) *sieben* Schüler gab, die Probleme bereiteten. Keineswegs waren es *alle* Schüler, die keine Hausaufgaben machten, sondern wiederum nur ein Teil. Festzustellen war, daß bei allen Problemen vom „reinsten Chaos" nicht mehr die Rede sein konnte, und es durchaus Situationen gab, in denen Frau P. „ein Bein auf dem Boden hatte". Die aktive, geforderte Aufmerksamkeit auf das Positive hatte den Blickwinkel verändert.

Frau P. stellte fest, daß ihre Situation keineswegs so verfahren war, wie sie es empfunden hatte, im Gegenteil: Sie entdeckte vieles, was schön und ermutigend war. Mit ihrer Aussage: „Ich habe wohl vor lauter Bäumen den Wald nicht mehr gesehen", konnte sie treffend eine beginnende Wahrnehmungsänderung für sich feststellen.

Ein vielversprechender Anfang war getan. Das positive Tagebuch war Beginn und Motivation dafür, daß Frau P. entschied, sich nun intensiv der Arbeit mit sich selbst zu widmen, vor allem, um für sich selbst Klarheit darüber zu bekommen, was ihre negative Sichtweise ausgemacht hatte (Kindheit, Erfahrungen, innere Rückmeldungen ...), aber im speziellen auch, um weiterhin die positive Wahrnehmung zu registrieren und zu artikulieren.

Während schon das „normale" Tagebuch eine nicht zu unterschätzende Selbsttherapie durch das Schreiben ist (sich mitteilen, offenbaren, klarwerden), so ist das „positive Tagebuch" durch seine Zielsetzung der Wahrnehmungsänderung eine besondere Hilfe. Worauf es ankommt, ist, das positive Sehen und Bewerten wieder und neu zu entdecken, die verlorengegangene Gewichtung zwischen „positiv" und „negativ" wieder fair und realitätsbezogen im inneren Dialog vorzunehmen.

Vielleicht machen Sie einen Versuch: Tragen Sie bitte in die folgende Tabelle in der linken Spalte (+ Seite) alle Ihre Stärken und in die rechte Spalte (– Seite) alle Ihre (vermeintlichen) Schwächen ein. Sie können diesen „Selbstversuch" natürlich auch (und zusätzlich) unter anderen Fragestellungen angehen, zum Beispiel:

– Was mir am Leben gefällt/was mir nicht gefällt ...
– Was ich bei meinem Partner gut finde/was mich an ihm stört ...
– Was mich beruflich ausfüllt/was mich beruflich frustriert ...

Fertigen Sie auf einem separaten Blatt Papier – je nach Fragestellung – Ihre „Analyse" nach dem vorliegenden Muster an. Wenn Sie nun die Tabelle(n) im Sinne einer Plus-/Minus-Analyse ausfüllen möchten, dann tun Sie es bitte jetzt, bevor Sie weiterlesen.

Meine Plus-/Minus-Analyse	
Die *Positiv*-Seite	Die *Negativ*-Seite
Meine Stärken ...	**Meine Schwächen ...**
oder auch: (Was mir am Leben gefällt ... Was ich bei meinem Partner gut finde ... Was mich beruflich ausfüllt ...)	(Was mir am Leben nicht gefällt ... Was mich an meinem Partner stört ... Was mich beruflich frustiert ...)
Meine Antworten:	Meine Antworten:

Ihre Stärken und Schwächen

Fällt es Ihnen leichter, die „Minus-Seite" auszufüllen? Gibt es auf der „Minus-Seite" mehr Angaben als im „Plus-Bereich"? Mußten Sie für die „Plus-Seite" länger nachdenken?

Wenn Sie eine oder mehrere dieser Fragen mit „Ja" beantworten, kann auch Ihnen das „positive Tagebuch" eine wertvolle Hilfe sein, positives Wahrnehmen und Denken (wieder) zu trainieren. Voraussetzung ist allerdings ein wenig Geduld und die Disziplin, das „positive Tagebuch" über einen längeren Zeitraum tatsächlich zu führen und jeden Tag alle Voreintragungen noch einmal zu lesen.

So wichtig es für uns selbst ist, uns im inneren Dialog positiv zu sehen und zu verstärken, so wichtig ist ebenso, anderen Menschen im Sinne der positiven Verstärkung zu begegnen. Sagen Sie, was der andere gut gemacht hat, geben Sie eine Rückmeldung, wenn Ihnen etwas gefallen hat. Artikulieren Sie Positives, loben Sie, wo immer es geht. Auch hier geht es nicht darum, ab sofort nur noch zu loben, sondern neben dem, was wir als störend empfinden, der anderen Seite das gleiche Recht (die gleiche Pflicht) einzuräumen.

Gleichgewicht für und in uns selbst kann ohne den sozialen Bezug zu anderen Menschen nicht hergestellt werden; unsere Bereitschaft, positiv auf andere zuzugehen, bewirkt in der Umkehr, daß andere auch uns positiv begegnen (können). Da, wo unsere Rückmeldungen nicht zu einem positiven inneren Dialog führen und unsere Wahrnehmung sich negativ zu verzerren beginnt, setzt schleichend die Bedrochung durch Burnout ein. Und wenn wir ihm nicht begegnen, beginnt der Teufelskreis des Ausbrennens uns in und unserer Lebensqualität ernsthaft zu beeinträchtigen.

Der Energiehaushalt

Der Gefahr des Ausbrennens können wir am ehesten begegnen, wenn wir insgesamt im Gleichgewicht stehen, sozusagen unseren inneren Haushalt in der Waage halten. „Balancing" heißt ein seit einigen Jahren vielfach gebrauchtes Modewort. In diesem Zusammenhang ist es wichtig, auch der Frage nachzugehen, wie wir mit unseren Energien haushalten, denn niemand von uns verfügt über unbegrenzte Reserven; erst recht nicht dann, wenn Rückmeldungen, innerer Dialog und Wahrnehmung nicht „im Lot" sind, handelt es sich doch um ein sich gegenseitig bedingendes Geflecht.

- Wer wollte beispielsweise leugnen, daß ein negativ geführter innerer Dialog sehr viel Energie verbraucht, die eigentlich benötigt wird, um mit all den Sorgen, Problemen, Zweifeln und Schuldgefühlen noch einen herausfordernden Alltag zu meistern?
- Wo soll jemand noch positive Energien entwickeln, wenn sein Leben von einer negativ verzerrten Wahrnehmung bestimmt zu sein scheint?

Ursachen der Bedrohung im gegenwärtigen Umfeld   49

– Wie sollte bei negativ empfundenen Rückmeldungen noch eine positiv gestimmte Aktivität nach außen (und innen) entwickelt werden?

In allen drei Bereichen sind unsere Kraft und Energie quasi negativ gebunden, sie stehen für Positives nicht oder kaum noch zur Verfügung, sie scheinen sich selbst zu verzehren. Im Extremfall dienen sie nur noch der Aufrechterhaltung des äußeren Lebenssystems.

Dort allerdings, wo die drei Bereiche im realistisch-positiven Gleichgewicht (jedes für sich und untereinander) stehen, werden wir in der Regel mit unseren Energien auch gesund und verantwortlich umgehen.

Dennoch soll in diesem Zusammenhang auf zwei Aspekte unseres Energiehaushaltes eingegangen werden, die unserer besonderen Pflege und Aufmerksamkeit bedürfen:

1. Jeder von uns hat sein individuelles Volumen an Energie (Kräftemenge, quantitativer Aspekt).
2. Da Energie nicht unbegrenzt zur Verfügung steht, muß Energie immer wieder neu aufgebaut werden (Kraftstoffe, qualitativer Aspekt).

Stellen Sie sich ein Glas Milch vor: Die Menge Milch ist die zur Verfügung stehende Energie. Die Inhaltsstoffe der Milch sind die Bausteine dieser Energiemenge (Fett, Eiweiß, Mineralstoffe, Kalzium ...). Ist das Glas Milch ausgetrunken, so werden die Kraftstoffe zur Energiegewinnung vom Körper verbraucht. Dann wird es Zeit, die aufgebrauchte Milch wieder zu ersetzen.

Um sinnvoll mit unserem Energiehaushalt umzugehen und ihn in der Waage zu halten, müssen wir zusätzlich von innen heraus motiviert sein, unsere „Milch" auch zu trinken, von ihrer Bedeutung für unser Wohlbefinden überzeugt sein und wissen, wofür wir die zugeführten Stoffe verwenden wollen. Zwei Aspekte sind dabei bedeutend (siehe Abbildung auf Seite 50). Unser Energiehaushalt wird genährt

– durch Inhaltsstoffe, die unsere Energie von außen bewirken und beeinflussen sowie
– durch unsere inneren Einstellungen, die deren Ziel- und Verwendungsrichtung maßgeblich bestimmen.

Im ausgewogenen Zusammenklang der äußeren und inneren Faktoren kommen Körper, Seele und Geist zu einer harmonischen Ganzheit, die insgesamt positive Energie und Leistung freisetzt und zu sinnerfüllenden, selbstverwirklichenden Aktivitäten führt.

Und mehr noch: In Ausnahmesituationen, die eine besondere Herausforderung darstellen, ist der Mensch, der sich von außen ebenso wie von innen um sein Wohlbefinden kümmert, weit eher in der Lage, auf (scheinbar versteckte) Energiereserven zurückzugreifen. Man könnte auch sagen: Seine „Batterie ist aufgeladener". Hieraus können wir folgern, daß bei verantwortlichem Haushalten mit unserer Energie bei Zusatzbelastungen

	Von „außen" sind die Dinge zu nennen, die ich mir aktiv zuführe, mir gönne ...		
	selbstverständlich	manchmal	leider nein
Gesunde, regelmäßige Ernährung			
Genügend Schlaf			
Offene Gespräche			
Ruhepausen			
Spaziergänge			
Sportliche Aktivitäten			
Ausgleichende Hobbies			
Von „innen" sind die Dinge zu nennen, die mein „inneres Fundament" betreffen und der „Energiezufuhr" ihre Richtung geben			
Gesundheitsbewußtsein			
Selbstvertrauen			
Gesprächsbereitschaft			
Realistische Selbsteinschätzung			
Arbeitsfreude/-wille			
Erfolgswünsche/-motivation			
Geborgenheitsgefühl (Partner, Kollegen, Gruppe, Freunde ...)			

Und wie sieht es bei Ihnen aus?

Kraftreserven durchaus abgerufen werden können. Voraussetzung ist allerdings das stete Bemühen, prophylaktisch den Haushalt stabil zu halten und den „Reservekanister" nicht bis auf den letzten Tropfen leer zu fahren.

Verschaffen Sie sich deshalb stets einen Überblick über das Wesentliche. Betrachten Sie Situationen mit Abstand, aber auch mit einer gesunden Portion Egoismus. Denn überall, wo unnötige, überflüssige Energien verbraucht werden, tun Sie sich selbst keinen Gefallen. Betrachten Sie Situationen aber auch von innen: Will ich diese Kraftanstrengung wirklich? In welchem Zusammenhang steht das gewünschte Ergebnis mit meinem Aufwand? Sollte ich nicht auch einmal nein sagen können?

Hier wird noch einmal sichtbar, wie eng innerer Dialog, Rückmeldungen, Wahrnehmung und Energiehaushalt miteinander verzahnt sind:

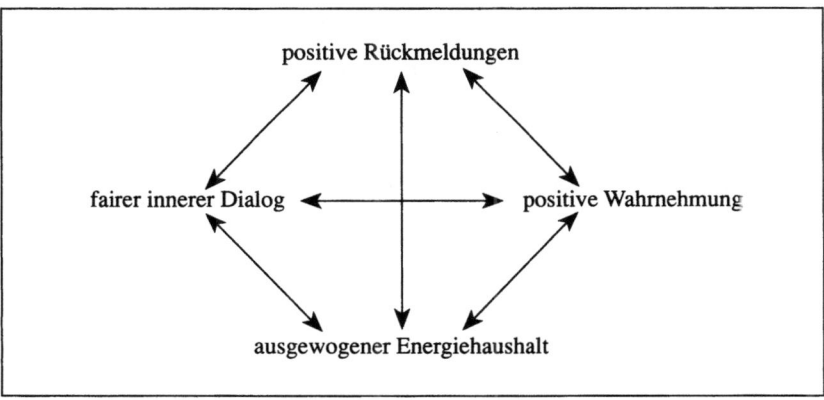

Interdependente Bedingungsfaktoren

Hierzu ein vereinfachtes Beispiel für die Wechselwirkung/Verzahnung dieses Geflechtes:

Jemand beschließt, künftig regelmäßig bei einem täglichen Spaziergang „frische Luft zu tanken", um seinem Energiehaushalt etwas Gutes zu tun. Er erhält positive Rückmeldungen von außen, bewertet und bestätigt seine „Leistung" als positiv im inneren Dialog (eigene positive Rückmeldung). Seine Spaziergänge werden als ein positives Erlebnis des Tages wahrgenommen.

Die Entscheidung für den täglichen Spaziergang mag aus Gesundheitsbewußtsein getroffen worden sein. Der Einsatz von Energie für den täglichen Spaziergang (Zielrichtung) beschert dem Betreffenden ein Erfolgserlebnis und bewirkt Wohlbefinden. Sein Gesundheitsbewußtsein wird ebenso wie sein Selbstvertrauen durch die subjektiv als richtig empfundene Entscheidung für das Spazierengehen gestärkt. Kurz: Mit der Entscheidung, sich täglich etwas Gutes zu tun, läßt sich schon nach kurzer Zeit die positive Wirkung auf den gesamten Organismus feststellen. Deshalb eine Anregung: Machen Sie sich selbst jeden Tag ein Geschenk, eine ganz persönliche Freude; es können Kleinigkeiten sein, die man sich in der Alltagshektik oft nicht „leistet", zum Beispiel:

- nach der Arbeit eine Viertelstunde entspannen,
- eine Lieblingsmusik hören,
- sich Zeit für ein Buch nehmen,
- mit der Familie einen Ausflug machen,
- albern sein,
- endlich das Kleid kaufen, von dem man schon so lange träumt,
- sich nach dem Einkaufen noch ein Stück Kuchen im Café gönnen,
- sich selbst einen Blumenstrauß schenken.

Bitte notieren Sie sieben Kleinigkeiten, mit denen Sie sich eine Freude machen können:

1. _____
2. _____
3. _____
4. _____
5. _____
6. _____
7. _____

Übertragen Sie nun die kleinen Freuden auf sieben Karteikärtchen (für jeden Wochentag eines), und ziehen Sie nun am ersten Tag verdeckt eine Karte.

Dies ist Ihre Aufgabe für diesen Tag, die Sie sich erfüllen sollen. Wichtig ist, daß Sie die entnommene Karte sofort durch eine neue, andere Karte mit einer neuen Kleinigkeit ersetzen. Die gezogene Karte kommt in ein Kästchen und verbleibt zunächst dort. Wenn Sie dieses Verfahren drei oder gar vier Wochen praktizieren, haben sich 21 oder gar 28 Karten im Kästchen angesammelt.

Werfen Sie nun alle Karten zusammen, und mischen Sie sie wie ein Kartenspiel. Ziehen Sie jeden Tag eines der Kärtchen, und befolgen Sie den hierauf notierten Wunsch.

Auch hier können Sie einmalige Wünsche immer wieder durch neue Kärtchen ersetzen – bis Sie schließlich über ein Repertoire von kleinen, sich selbst zu erfüllenden Alltagsfreuden verfügen, die Ihnen persönlich guttun.

So, wie die Entscheidung zum täglichen Spazierengehen eine Kontinuität des Durchführens beinhaltet, so gilt für unser Kartenspiel ebenso die Kontinuität der tagtäglichen Anwendung. Wie beim „positiven Tagebuch", bei dem die Zeit für unser positives Wohlbefinden arbeitet, so „höhlt auch hier steter Tropfen den Stein".

Sich selbst Gutes zu tun bleibt nicht ohne Rückwirkungen auf den Gesamtorganismus. Wir empfinden die für uns selbst positiv verwendete Energie wie „Öl", das die ineinandergreifenden „Zahnräder" unseres Wohlbefindens „schmiert" und deren Zusammenspiel erleichtert oder überhaupt erst wieder ermöglicht.

Da aber, wo die „Zahnräder unseres Organismus" nicht mehr richtig im Sinne der Ganzheit von Körper, Seele und Geist „greifen", im Extremfall „ins Stocken geraten", ist unser Energiehaushalt in der Wechselwirkung von Körper und Seele gefährdet: Harmonie und inneres Gleichgewicht werden gestört, und bei länger andauerndem Ungleichgewicht („Unwucht der Zahnräder") kann der Teufelskreis des Burnout zunächst schleichend, dann immer gravierender einsetzen.

Der Umgang mit der Bedrohung

Die biophysische Antwort

Den Teufelskreis des Burnout haben wir bereits beleuchtet. Instinktiv spüren wir, daß hier eine Gefahr für unser Wohlbefinden und unsere Gesundheit vorliegt, und ebenso instinktiv reagieren wir zunächst. Stellen Sie sich bitte vor, daß Sie auf freier Wildbahn einen Fuchs in die Enge getrieben haben: Er kann weder vor noch zurück. Je näher Sie ihm kommen, desto größer empfindet er die Bedrohung. Er läßt Sie bis zu einem „gerade noch aushaltbaren Maß" an sich herankommen, dann aber fällt instinktiv die Entscheidung: Angriff oder Flucht. Biophysisch reagiert hier der Organismus auf einen erhöhten Adrenalinausstoß, auf die Ausschüttung von Neuropeptiden und Hormonen. Was bleibt, ist ausschließlich die Wahl zwischen Angriff und Flucht. Der Organismus „antwortet" auf die Bedrohung instinktiv optimal und angemessen.

Prinzipiell verläuft dieser Mechanismus beim Mensch ganz genauso, nur haben wir durch unsere Zivilisation gelernt, die ursprüngliche, instinkthafte Reaktion zu vermeiden. Denn wer könnte schon in einer Konferenz oder Besprechung einfach davonlaufen, wenn es „zu eng" wird, oder gar seinen Widersacher tätlich angreifen?

Durch ein sehr subtiles Netz zivilisatorischer Vereinbarungen haben wir Angriff und Flucht scheinbar kanalisiert und verwenden diese Mechanismen unbewußt in sogenannten Ersatzhandlungen, die dieser biophysischen Antwort auf anderer Ebene zu entsprechen scheinen. Hierzu einige Beispiele:

– Flucht
  - in die Betäubung (Alkohol, Medikamente, Rauschgift)
  - in die Krankheit (nicht mehr „verfügbar" sein)
  - in den Rückzug („Jetzt sage ich überhaupt nichts mehr.")
  - in die Verleugnung („Stell Dich nicht so an, es ist doch alles nur halb so schlimm.")

- Angriff
  - durch Positionswechsel („Wenn Ihr mich nicht richtig zu würdigen wißt, gehe ich woanders hin.")
  - durch Projektion und Schuldzuweisung („Nicht ich, sondern der andere ist das arme Würstchen.")
  - durch Machtübernahme („Was mit mir gemacht wird, mache ich jetzt nach unten auch.")
  - durch „Drohung" („Wenn Du mich nicht so akzeptierst, wie ich bin, gehe ich eben.")

Diese wenigen Beispiele haben alle eines gemeinsam: Wir versuchen, einer Bedrohung aus dem Weg zu gehen, ohne hiermit wirklich ursächlich an der auslösenden Situation etwas aktiv zu ändern bzw. an unseren Einstellungen, Verhaltensweisen und Perspektiven konstruktiv zu arbeiten. Wir haben letztendlich unbewußt die biophysische Antwort „zivilisiert" und spüren dennoch, daß diese nicht der wirkliche Ausweg aus der Krise sein kann.

Wie hieß es doch zu Anfang des Buches? Niemand ist ganz frei! Und wir müssen uns klarwerden, daß die biophysische Antwort auf die Bedrohung durch Burnout auch in uns immanent vorhanden ist.

Es gibt dennoch zwei Schritte zu einer Lösung:

1. Wir müssen uns über diese grundsätzliche Tatsache bewußt sein.
2. Wir müssen uns individuell Rechenschaft darüber ablegen, wie wir selbst die biophysische Antwort in irgendeiner Weise kanalisiert haben.

Können Sie dies – aus Ihrem subjektiven Empfinden heraus – zu Papier bringen? Versuchen Sie hierbei, Ihre Ausführungen im Zusammenhang mit den vorangegangenen Tests, Ihrem Selbsteinschätzungsprofil, Ihren biographischen Überlegungen und den bisher erarbeiteten Übungsaufgaben zu sehen.

Die bewußt auf Änderung abzielende Aktivität

Wenn Sie der Anregung gefolgt sind, die angebotenen Übungen auszuführen, haben Sie bereits eine auf Änderung gerichtete Aktivität entwickelt. Und ohne diese können wir den Dingen nicht auf die Spur kommen. Kritische Selbstreflexion und Analyse des Umfeldes sind deshalb unumgängliche Erkenntnisbausteine, um unser individuelles Lebenssystem zu verstehen.

Bewußt auf Änderung gerichtete Aktivität ist (im Gegensatz zur biophysischen Antwort) eine analytisch-rationale Vorgehensweise zur Abklärung dessen, was ist. Der nächste wichtige Schritt besteht darin, hieraus Konsequenzen zu ziehen und ebenso aktiv Änderungen herbeizuführen. Im folgenden Diagramm sind beide Wege noch einmal vereinfacht skizziert:

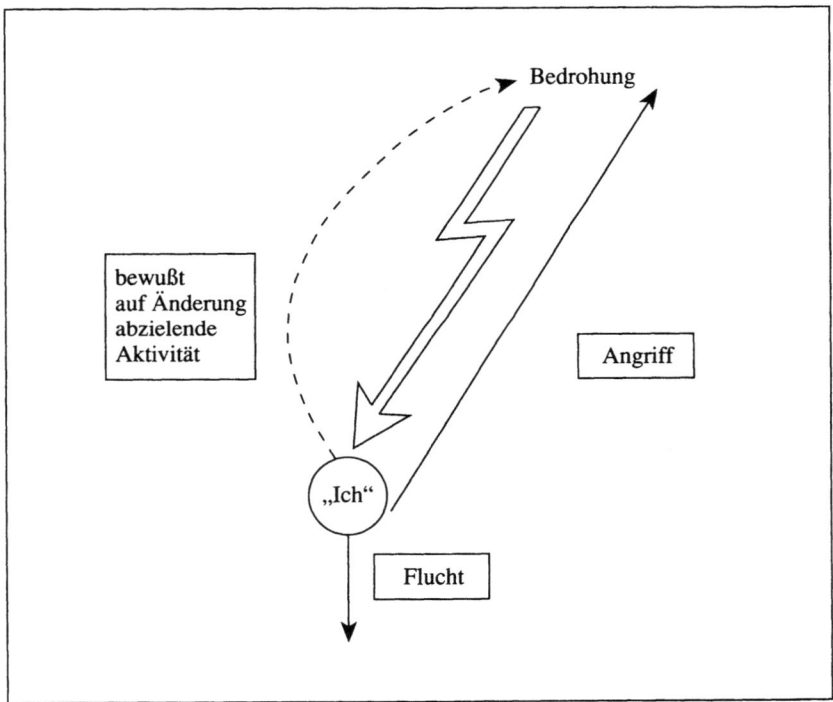

Biophysische Antwort und auf Änderung abzielende Aktivität

Die bewußt auf Änderung abzielende Aktivität können wir auch als Lernprozeß bezeichnen, denn Lernen ist per Definition ein „auf Änderung des IST-Zustandes gerichtetes Tun". Um Änderungen erfolgreich herbeizuführen, sind fünf wichtige Grundregeln zu beachten:

1. Die zu lösende „Aufgabe" darf weder über- noch unterfordern; ein „mittlerer Schwierigkeitsgrad" ist anzustreben. Teilen Sie deshalb das „Gesamtproblem" (Ihr Fernziel) in Teilbereiche (Nahziele) ein, und gehen Sie Schritt für Schritt (Direktziele) zunächst dieses Nahziel an. Im Laufe der Zeit verbinden Sie ein Nahziel mit dem anderen; die Summe Ihrer Nahziele ergibt schließlich Ihr Fernziel. Ein Beispiel für einen möglichen Katalog von Zielen ist in der Abbildung auf Seite 58 dargestellt.

2. Die „Nahziel-Herausforderung" muß für Sie attraktiv sein. Die Idee, daß es sich lohnt, Aktivitäten hierfür einzusetzen, können Sie sich durch eine zusätzliche Belohnung noch schmackhafter machen. Gönnen Sie sich etwas Besonderes, etwas Schönes, wenn Sie alle für Ihr Nahziel aufgelisteten Direktziele erreicht, sozusagen „abgehakt" haben, etwa einen Wochenendurlaub, ein neues Kleid, einen Tag ganz für sich allein. Auf jeden Fall etwas, was Sie sich nicht jeden Tag leisten würden.

3. Ihre Nahziele sollten nicht zu neu und völlig unbekannt sein, um keine Überforderung darzustellen. Überlegen Sie deshalb, was früher für Sie Lebensqualität bedeutete (oder heute noch ist), und knüpfen Sie hieran an. Zum Beispiel:

   – nach langer Zeit endlich wieder einmal gute Freunde besuchen und ein gutes Gespräch führen,
   – den seinerzeit begonnenen Tanzkursus fortsetzen,
   – endlich ein Fahrrad anschaffen, um mit der Familie Fahrradtouren unternehmen zu können,
   – ein lange gehegtes, bisher nicht verwirklichtes Vorhaben in die Tat umsetzen.

4. Sie müssen sich immer darüber bewußt bleiben, daß Sie mit jedem erreichten Nahziel Ihrem Fernziel ein großes Stück näher kommen. Notieren Sie alles, was Sie bisher „geschafft" haben, und lesen Sie Ihre

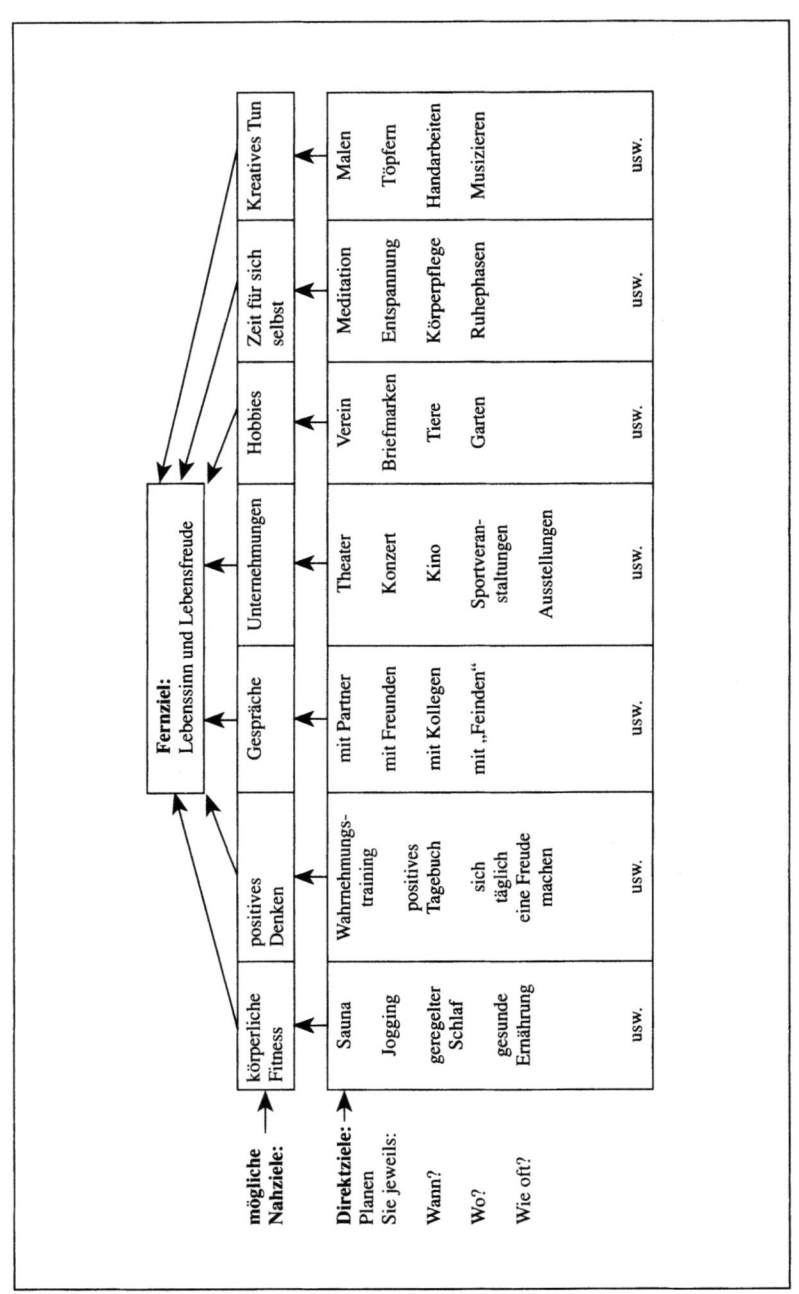

Ein möglicher Zielekatalog

Notizen – wie beim positiven Tagebuch – täglich zu Ihrer eigenen Freude und Bestätigung durch.

5. Haben Sie Geduld mit sich selbst (und anderen), und denken Sie daran, daß Veränderungen Zeit brauchen und sich letztlich nur (aber dann bestimmt) nach kontinuierlichem Üben und Trainieren einstellen.

Nach der Bestandsaufnahme im Test zur Feststellung Ihres Burnout-Faktors (Seite 24) können Sie jetzt Ihr „Eigenbild" („Ich als Person in *meiner* Umwelt") in einer zweiten Bestandsaufnahme weiter differenzieren.

Beide Bestandsaufnahmen sind Ihre individuelle Basis, von der aus Sie weitere Anregungen auswählen und ausprobieren können.

Zweite persönliche Bestandsaufnahme

Nachdem Sie im ersten Kapitel bereits eine Reihe sehr *persönlicher* Tests zu Ihrem Wohlbefinden, Ihrer Selbsteinschätzung und zu Ihrem biographischen Hintergrund vorgenommen haben, fragen Sie sich bitte jetzt einmal nach den wichtigen Erkenntnissen, die Sie daraus gewonnen haben. Versuchen Sie, das Fazit der vorangegangenen Kapitel niederzuschreiben, vielleicht so:

Was ich für mich und mein Leben bisher an Erkenntnissen gewonnen habe:

1. _____
2. _____
3. _____

Was ich aufgrund der Erkenntnisse unbedingt ändern will:

1. _____
2. _____
3. _____

Welche Wege ich mir schon jetzt vorstellen kann:

1. _____
2. _____
3. _____

Bitte nehmen Sie ein weiteres Blatt hinzu, wenn hier der Platz nicht ausreicht!

Es ist besser, Sie konzentrieren sich bei dieser ersten Auflistung Ihrer Änderungswünsche zunächst auf die wesentlichen, unter Umständen sogar lebenswichtigen Prioritäten, als auf zu viele und unüberschaubare Vorhaben.

Im Verlauf dieses Buches werden wir Ihnen noch weitere konkrete Hilfestellungen an die Hand geben, um Ihre Änderungswünsche verwirklichen und die oben aufgeführte, persönliche Wunschliste mit „Fleisch" füllen zu können. Nehmen Sie daher bitte diese Wunschliste zu gegebener Zeit wieder zur Hand!

Einschätzungstest zum Burnout anhand konkreter Lebenssituationen

Wie Sie sicher bemerkt haben, befaßten sich die ersten Tests mit der Psychologie Ihrer Person selbst, mit Ihrem Wohlbefinden, Ihrem biographischen Lebensskript, Ihrem gesundheitlichen Zustand und Ihren persönlichen Einstellungen zu den Dingen dieser Welt.

Nun ist diese Welt neben der Person, die in ihr lebt, natürlich auch in vielerlei Hinsicht *sachbezogen,* das heißt, es gibt den Beruf, die Tätigkeit, die Leistung, die Arbeit usw., mit der die „Person" ihr Leben – mehr oder weniger gut und zufrieden – gestaltet.

Aus diesem Grunde laden wir Sie nun ein, eine zweite persönliche Bestandsaufnahme durchzuführen, die Ihren persönlichen „Belastungsgrad" in bezug auf *konkrete Lebenssituationen* widerspiegelt. Im Anschluß an diesen Test erfahren Sie zu jedem der insgesamt 20 Kriterien eine ganze Reihe praktischer Tips, von denen Sie sich diejenigen heraussuchen sollten, die für Sie von Bedeutung sind und für Ihr Leben machbar erscheinen.

Der auf den nächsten Seiten folgende Fragenkatalog enthält zwanzig typische Merkmale des Burnout bei erfolgs- und leistungsorientierten Menschen. Eine sich selbst gegenüber ehrliche und offene Einschätzung aller (für Sie zutreffenden) Kriterien und die anschließende Betrachtung Ihrer individuellen Belastungsgrade wird Ihnen wertvolle Hinweise für eine nachhaltige Veränderung liefern und positive Alternativen eröffnen. Die Auswertung erfolgt nach Ihrer Selbsteinschätzung.

Mögliches „Burnout-Syndrom"/ Krisenfeld/Risikobereich	Betrifft mich in keinster Weise, habe absolut kein Problem damit.			Von Zeit zu Zeit spürbar, betrifft mich manchmal.			Ich bin absolut davon betroffen, für mich stark belastend. Ich habe damit große Probleme		
	1	2	3	4	5	6	7	8	9
1. *Reisetätigkeit* („Weg von zu Hause", „aus dem Koffer leben", Fahrten, Tennung von Familie und gewohnter Umgebung, Hotels, „Schleppen" von Gepäck ...)									
2. *Akzeptanz von Aufträgen und Aufgaben* (Wirklich gewollt? Stehe ich dahinter? Lediglich finanzielle, existentielle Entscheidung? Ethische-/moralische Akzeptanz)									
3. *Finanzielle Abhängigkeit/Absicherung* (Zu hohe finanzielle Belastungen; Zukunftsängste; Auftrag/Aufgabe nur der Existenzsicherung willen? ...)									
4. *Psychische (Über-)Belastung* (Ängste; Überforderung, Distreß, „innerer Druck" ...)									
5. *Physische (Über-)Belastung* (Körperliche Überbelastung; Gesundheit, körperliche Beschwerden, Krankheiten ...)									
6. *Mangelndes Verständnis für Ihre berufliche Situation bzw. Lebenslage bei anderen* (Familie, Freunde, Bekannte, Verwandte, „verstehen" mich/meinen Beruf nicht)									
7. *„Das Nicht-Erreichen" von Zielen und Idealen* (Ziel-Anspruch/persönlicher Anspruch zu tatsächlich Erreichtem; Akzeptanz nur „Kleiner" Erfolge ...)									
8. *Unehrlichkeit/Verlogenheit von Kunden/Kollegen/Geschäftspartnern* (Vertrauensmißbrauch; Unzuverlässigkeiten; zu hohe/hohle Versprechungen ...)									
9. *Unbefriedigende Wirkung meiner Arbeit/meines Tuns* (mangelnde Konsequenz in der Umsetzung; kaum spürbare, tatsächliche Änderungen, keine oder wenig positive Rückmeldungen ...)									
10. *Zeitmangel* (Zeitdruck; zu wenig Freiräume für Wesentliches; Hektik und Hetze ...)									

Zweiter Einschätzungstest zum Burnout anhand konkreter Lebenssituationen

Mögliches „Burnout-Syndrom"/ Krisenfeld/Risikobereich	Betrifft mich in keinster Weise, habe absolut kein Problem damit.			Von Zeit zu Zeit spürbar, betrifft mich manchmal.			Ich bin absolut davon betroffen, für mich stark belastend. Ich habe damit große Probleme		
	1	2	3	4	5	6	7	8	9
11. *Routine* (Zu oft wiederkehrende Situationen; immer/oft „das Gleiche", Langeweile ...)									
12. *Die Menschen* (Unzulänglichkeiten, Unzuverlässigkeit, Vertrauensmißbrauch, falsche Versprechungen, Enttäuschungen ...)									
13. *Das tatsächliche Individuelle/Spezifische meiner Arbeit* (Die „Lüge" einer tatsächlich individuellen Tätigkeit; eigene (?) Konzepte oder „Vorgaben"; Selbstverwirklichung meiner Ideen ...)									
14. *Einsamkeit* (ohne die wirklichen, „echten" Bezugspersonen; ggf. Hotelzimmer, Langeweile ...)									
15. *Nicht allein sein können bzw. dürfen* (ständig Kunden, Geschäftspartner, Geschäftsessen, Besprechungen etc. ...)									
16. *Das „Behaupten" im Markt* (Auftragssituation, Auftragsbeschaffung, Konkurrenz/Wettbewerb, Existenzabsicherung ...)									
17. *„Seelischer Mülleimer"* (Konzentration auf Probleme und Konflikte anderer; ich selbst „werde nichts los"/„bleibe auf der Strecke" ...)									
18. *Organisatorische Unzulänglichkeiten* (Büro-/Arbeits-Organisation; Wartezeiten; „Suche" ...)									
19. *Privatleben* (Gefahr des Verlustes privater Beziehungen und Kontakte; „Entwurzelung"; Vereinsamung ...)									
20. *Persönliche Konfliktbearbeitung* (Umgang mit den eigenen Konflikten; „Hilflosigkeit"; Verdrängen eigener Konflikte und Ängste ...)									

Zweiter Einschätzungstest zum Burnout anhand konkreter Lebenssituationen

Auswertung Ihres persönlichen Testergebnisses

Nachdem Sie nun Ihren persönlichen Test zum Burnout-Syndrom in konkreten Lebenssituationen ausgefüllt haben, bitten wir Sie, diejenigen Kriterien, bei denen Sie Werte *zwischen 1 und 3* angekreuzt haben, außer acht zu lassen, was die folgenden Tips und Hinweise angeht. „Vergessen" sollten Sie sie dennoch nicht, denn dies sind Wertungen, die zeigen, daß Sie entweder mit dem Kriterium keine Berührung haben, oder aber, daß Sie diese Lebensumstände bereits bestens meistern. Wenn es an dem ist, verbuchen Sie diese Einschätzungen als *Ihre persönlichen Stärken,* die Sie unbedingt weiter pflegen und beibehalten sollten!

Sollten Sie bei den 20 Kriterien Wertungen *von 4 bis 6* angekreuzt haben, so bedeutet dies, daß Sie hierbei Vorsicht walten lassen sollten, um darin nicht schleichend weiter belastet zu werden. Denn immerhin bedeutet diese Wertung: „Es betrifft mich manchmal, von Zeit zu Zeit *spürbar*". Hier sollten Sie sich die Anregungen auf den nächsten Seiten genauer ansehen.

Bei all denjenigen Kriterien aber, bei denen Sie einen Belastungsgrad von *7, 8 oder gar 9* verspüren, ist ein deutlicher Handlungs- und Veränderungsbedarf vorhanden! Hier sind Sie in der Tat einer hochgradigen Belastung ausgesetzt, die in absehbarer Zeit zum Ausgebranntsein, zum Burnout, führen *kann!*

Aber auch die folgende Alternative wäre bei Wertungen *von 7 bis 9* möglich: Sie wissen um den hohen und belastenden Umstand (eventuell schon längere Zeit), aber Sie wissen auch, daß Sie ihn nicht ändern können (oder wollen), nehmen ihn also in Kauf, weil er möglicherweise in Ihrem Tun, Ihrem Beruf ein notwendiges Übel darstellt. Hier sollten Sie sich aber unbedingt die Frage stellen, wie *gravierend* sich dieser Umstand langfristig auf *Sie und Ihr Leben* auswirkt, und ob andererseits die offensichtlichen Vorteile diese Belastung aufwiegen?

Hierzu ein Beispiel:

Wir erleben häufig, daß Menschen, die Erfolg leichtfertig mit Geld und Wohlstand gleichsetzen, viele beinahe kasteiende Lebensumstände in Kauf nehmen, um gerade diesen Wohlstand, das Materielle zu erhalten und möglichst auszuweiten. Der trügerische Irrtum dieser Menschen ist es oft zu glauben, daß sie „irgendwann einmal" genug „haben", um sich dann

„später" auf das eigentliche, bis dahin verschmähte Leben zu konzentrieren und es „endlich genießen" zu können. Denken Sie bitte, falls es Sie betrifft, auch einmal intensiv über diesen Aspekt nach!

Auf den nächsten Seiten erhalten Sie nun eine Menge Hinweise zu allen 20 Burnout-Kriterien. Konzentrieren Sie sich besonders auf diejenigen, bei deren Wertung Sie *zwischen 7 und 8* liegen, beachten Sie aber auch die Hinweise, die die Kriterien ihrer Wertung *von 4 bis 6* betreffen. Und, wenn Sie wollen, bauen Sie Ihre Stärken weiter aus (Wertungen *zwischen 1 und 3*)!

Interpretation, Tips und Anregungen

Die folgenden Anregungen zu den typischen Merkmalen des Burnout sind hier eher plakativ dargestellt. Bitte denken Sie bei allen Kriterien, die Sie betreffen, möglichst konkret an Ihre spezifische Situation, und fragen Sie sich sofort, *was* Sie davon *wie* unmmittelbar umsetzen können.

Je konkreter Sie sich selbst Antworten geben und je konkreter Sie hiervon bereits Ziele und Vorhaben ableiten, desto hilfreicher wird sich auch dieses Kapitel für Ihr zukünftiges Wohlbefinden erweisen.

1. Reisetätigkeit:

- **Umdenken in der Organisation der Reisetätigkeit.**

    Statt nur den PKW zu benutzen, auf Zug und/oder Flugzeug umsteigen; eventuell auch einmal das Angebot kleinerer Charter-Fluggesellschaften prüfen! Das Gepäck mit Paket- oder Kurierdiensten vorausschicken lassen. Ein Umdenken und alternatives Handeln bei der Reisetätigkeit geht leichter, als die meisten Menschen denken!

- **Den Ehe-/Lebensgefährten zur Reise einladen.**

    Privatvergnügen mit geschäftlichen Interessen verknüpfen; den Partner teilhaben lassen!

- **Falls möglich, konsequentere und gezieltere, zeitlich koordinierte Tourenpläne erstellen.**

    ... und sich auch konsequent daran halten!

- **Viele Meetings in Hotels?**

  Hotels in unmittelbarer Nähe Ihres Wohnortes auswählen und/oder Intercity-Verbindungen berücksichtigen! Das Hotel präzise und konsequent bei Planung und Organisation in die Verantwortung nehmen!

- **Konsequent weniger reisen.**

  Vieles läßt sich von zu Hause aus per Telefon und Fax erledigen! Wenn möglich, delegieren und eine andere Person entsenden!

  Was werde ich hiervon überdenken? Wie werde ich es umsetzen?

  _____
  _____
  _____
  _____

2. Akzeptanz von Aufträgen und Aufgaben:

- **Seien Sie sich selbst gegenüber ehrlich!**

  Will ich das wirklich? Stehe ich dahinter? Kann ich das überhaupt leisten? Kann ich morgen noch in den Spiegel schauen?

- **„Nein" sagen lernen!**

  Akzeptiere ich gewisse Dinge nur aufgrund einer Abhängigkeit? Tue ich es, um zu gefallen? Tue ich es, weil ich bisher immer ja dazu gesagt habe? Ein klares „Nein!" fällt schwer und konfrontiert vielleicht, aber gerade diese Konfrontation klärt.

- **Nicht „alles um jeden Preis" annehmen!**

  Aufwand-/Nutzen-Bilanz ziehen; auch und gerade das Ablehnen von nicht gewollten Aufträgen zeugt von Sicherheit und Kompetenz. Geld darf nie der einzige Grund für Akzeptanz sein; „Wirtschafts-Nutten" gibt es schon genug!

- **Hören Sie in sich hinein!**

  Sie können sich selbst am besten zuhören. Entscheiden Sie sich für sich und Ihr Leben! Hören Sie auf Ihr Gefühl, es täuscht selten!

- **Beherzigen Sie Ihre persönlichen Vorstellungen von ethischen und moralischen Grundsätzen!**
  Was werde ich hiervon überdenken? Wie werde ich es umsetzen?

  _____
  _____
  _____
  _____

3. **Finanzielle Abhängigkeit/Absicherung:**
   - **Verschaffen Sie sich einen Überblick!**

     Viele Menschen „drückt hier der Schuh", weil sie gar nicht genau über ihre finanzielle Situation Bescheid wissen! Ein guter Finanz-, Steuer- oder Rentenberater kann dabei gute Dienste leisten! Falls eine Überschuldung vorliegt, sollten Sie unbedingt eine Schuldnerberatungsstelle aufsuchen.

   - **Ermitteln Sie Ihre optimale Umsatzgröße im Verhältnis zur Einkommenssteuer (nur zutreffend für Selbständige)!**

     Nicht jeder Mehr-Umsatz zahlt sich aus. Rechnen Sie hoch, was Ihr Netto-Einkommen sein soll, und errechnen Sie daraufhin den notwendigen Umsatz unter Berücksichtigung der Steuern! Fragen Sie sich, wieviel mehr Sie für x Prozent mehr Umsatz arbeiten müssen! Lohnt es sich?

   - **Machen Sie keine (unsinnigen) Schulden nur aus Gründen der (momentanen) Steuerersparnis!**

     Und sollten Sie bereits in dieser Spirale gefangen sein, sprechen Sie mit einem Berater darüber, und überlegen Sie, ob ein „Abstoßen mit Verlust" nicht besser sein könnte als ein „Lebensverlust zum Abstoßen"!

   - **Überprüfen Sie Ihren Lebensstandard!**

     Brauchen Sie tatsächlich mehr? Was macht Ihren Zufriedenheitsgrad bei welchem Einkommen aus? Halten Sie vielleicht einen zu hohen Lebensstandard nur für andere aufrecht? Wie viele Häuser werden gebaut, in denen die Bauherren jede Mark *zehnmal* umdrehen, damit sich Nachbarn, Verwandte und Bekannte wenigstens *einmal* danach umdrehen?

- **Lassen Sie sich nicht korrumpieren – es zahlt sich nicht aus!**

Was will ich hiervon überdenken? Wie werde ich es umsetzen?

_____
_____
_____
_____
_____

4. Psychische (Über-)Belastung:

- Lesen Sie dieses Buch sehr, sehr sorgfältig! Vieles aus dem Bereich der psychischen Belastung erhält in diesem Buch sehr konkrete Antworten!

Vielleicht lesen Sie es mehrfach und arbeiten an all den Stellen konzentriert mit, an denen Sie dazu angeregt werden! Sie haben damit die einzigartige Chance, Ihrer psychischen Belastung sinnvoll und erfolgreich zu begegnen! Deshalb soll an dieser Stelle ganz bewußt kein weiterer Kommentar erfolgen.

5. Physische (Über-)Belastung:

- **Achten Sie auf Gesundheit und Fitneß! Gehen Sie mit „Alltagsdrogen" vernünftig um!**

Haben Sie schon einmal eine Kur beantragt? Gerade Manager sollten daran denken! Im letzten Kapitel dieses Buches finden Sie auch eine Reihe von Anregungen, zum Beispiel „Joggen mit Mantra", sowie Methoden zur Entspannung und Revitalisierung!

- **Meiden Sie physisch belastende Tätigkeiten!**

Sofern Sie in Ihrem Beruf physisch überlastet sind, sprechen Sie einmal mit Ihrem Chef über mögliche Alternativen.

Schleppen Sie nicht unnötig Gegenstände, beispielsweise Gepäck, und bitten Sie andere, vielleicht das Hotelpersonal, Ihnen diese Last abzunehmen.

- **Nehmen Sie auch erste Anzeichen von Verschleiß oder Krankheit ernst!**

  Verschleppen Sie keine Symptome! Haben Sie den Mut, eine Grippe einmal so richtig auszukurieren, so wie Sie das als Kind getan haben. Gehen Sie rechtzeitig zu einem guten Arzt, Heilpraktiker, Chiropraktiker oder Bewegungstherapeuten! Nicht selten sind scheinbar körperliche Symptome – auch solche, die zunächst nicht darauf schließen lassen – psychisch bedingt. Scheuen Sie sich daher auch nicht davor, psychotherapeutische Hilfe in Anspruch zu nehmen! Adressen guter Ärzte und Therapeuten erfahren Sie über die Krankenkassen und Gesundheitsämter.

- **Betreiben Sie Ausgleichssport!**

  Überwinden Sie Ihren inneren Schweinehund, und gehen Sie einer Sportart nach, die Sie mögen!

  Tragen Sie Ihre Sporttermine genauso ernsthaft und konsequent in Ihren Terminkalender ein wie einen Geschäftstermin!

Was werde ich hiervon überdenken? Wie werde ich es umsetzen?

_____
_____
_____
_____

6. **Mangelndes Verständnis für Ihre berufliche Situation oder Lebenslage bei anderen:**

   - **Reden Sie (mehr) über Ihren Beruf oder Ihre Lebenssituation!**

     Oftmals *wissen* die anderen gar nicht genug von dem, was Sie eigentlich tun, und wie es Ihnen dabei ergeht! Die Annahme, manchmal gar die Forderung, der andere müsse das doch spüren, ist oft irrig! (Siehe hierzu auch das Kapitel „Wahrnehmen, Verstehen und Verständigen".)

   - **Beziehen Sie Ihren Lebenspartner mit ein!**

     Erzählen Sie ihr/ihm von Ihren Erlebnissen, Gedanken und Sorgen, nehmen Sie sie/ihn einmal mit, eventuell auf Geschäftsreisen.

- **Betreiben Sie „Öffentlichkeitsarbeit"!**

  Viele Berufe oder Tätigkeiten sind erklärungsbedürftig. Gehen Sie nicht davon aus, daß jemand, der zwar die Berufsbezeichnung kennt, auch schon weiß, was es damit wirklich auf sich hat. Jeder weiß, was der Beruf eines Lehrers ist, denn jeder hat einen in seiner Schulzeit „gehabt". Was aber weiß der einzelne tatsächlich über die Inhalte, Anforderungen und die wirkliche Arbeit, die dahinterstehen?

  „Publizieren" Sie verbal oder auch in Medien mehr über Ihren Beruf und Ihre Tätigkeiten. Sie werden sehen, das Verständnis steigt!

- **Ärgern Sie sich einfach nicht mehr darüber!**

  Akzeptieren Sie das Nicht-Wissen oder gar das Desinteresse anderer! Niemand läßt sich zu einem echten Interesse zwingen, wenn er „keinen Draht" dazu findet. Tolerieren Sie das, und reden Sie mit Menschen gleicher Interessen oder gar gleicher Tätigkeits- und Berufsfelder über Ihre Situation!

Was werde ich hiervon überdenken? Wie werde ich es umsetzen?

_____

_____

_____

_____

7. Das Nicht-Erreichen von Zielen und Idealen

sowie (hier als ähnliche Problematik zusammengefaßt)

8. Unehrlichkeit/Verlogenheit von Kunden, Geschäftspartnern, Kolleginnen, Kollegen:

- **Betrachten Sie Kunden und Geschäftspartner nicht nur als Umsatzträger!**

  Ein Kunde oder Geschäftspartner ist bei allen berechtigten geschäftlichen Interessen eben auch nur ein Mensch. Ist Ihnen dieser Mensch in seinem Wesen/Charakter zuwider, weil Sie glauben, daß er unehrlich ist oder gar lügt, sollten Sie deutliche Konsequenzen ziehen, auch wenn dabei Materielles verlorengeht! Stehen Sie dann auch gegenüber anderen zu Ihrer Entscheidung.

- **Lehnen Sie einen Auftrag oder ein Angebot „im Verdachtsfalle" lieber ab!**

  Sollten Sie das Gefühl oder gar die Gewißheit haben, daß „mit gezinkten Karten" gespielt wird, steigen Sie lieber aus! Es wird (meist) im Endeffekt billiger, und ein „Ende mit Schrecken" tut Ihrer Psyche besser als ein „Schrecken ohne Ende". Stehen Sie zu Ihrer Entscheidung!

- **Betreiben Sie Meta-Kommunikation!**

  Meta-Kommunikation bedeutet vereinfacht, über die Beziehung, wie Sie sie empfinden, offen zu reden und nicht „krampfhaft" in der Sachebene zu verweilen. Im Klartext: „Machen Sie sich Luft", und sagen Sie, was Sie von der Situation und der Wirkung des anderen auf Sie halten. Das Ergebnis ist oft verblüffend klärend – im positiven Sinne. Kommt es dabei zu einem endgültigen Bruch, siehe oben!

- **Brechen Sie „miese", nicht veränderbare Kontakte ab!**

  Sollten sich Beziehungen zu Menschen hinsichtlich Unehrlichkeit oder Verlogenheit trotz Ihres Bemühens nicht nachhaltig positivieren lassen, brechen Sie solche Kontakte unbedingt ab! Umgeben Sie sich mit Menschen, die Sie mögen und denen Sie vertrauen! Lehnen Sie dauerhafte „Zwangskontakte" (z. B. wegen einer geschäftlichen Verpflichtung) zu unseriösen Menschen ab!

Was werde ich hiervon überdenken? Wie werde ich es umsetzen?

_____
_____
_____
_____
_____

9. **Unbefriedigende Wirkung meiner Arbeit und meines Tuns:**

- **Akzeptieren Sie auch kleine Erfolge!**

  Oft stecken wir selbst unsere Ziele zu hoch: Statt dann mit Stolz auf das zu schauen, was wir erreicht haben, sehen wir auf das, was wir nicht erreicht haben!

Bedenken Sie aber unbedingt: Hohe Ziele, auch und gerade idealistische Ziele, lassen sich in der Regel nicht von heute auf morgen umsetzen. Versuchen Sie daher, prozeßhaft zu denken und Geduld zu üben!

- **Formulieren Sie Ihre Ziele realistisch!**

Machen Sie eine persönliche Ziel-Bilanz: Korrigieren Sie Ihre Ziele auf ein realistisches Maß in einer realistischen Zeitgröße, und freuen Sie sich dann ohne Understatement oder gar schlechtes Gewissen am Erreichten!

- **Denken Sie in langfristigen Prozessen!**

Gut' Ding braucht Weile! Seien Sie nicht ungeduldig mit sich selbst und anderen. Bedenken Sie dabei immer, daß Ihre Wahrnehmung der „Welt" nicht die Wahrnehmung der anderen ist!

- **Ändern Sie Ihren Wirkungskreis!**

Wenn Sie das Gefühl haben, mit Ihrer Arbeit „Perlen vor die Säue" zu werfen, sollten Sie Ihre Mißstimmung darüber deutlich artikulieren! Wenn Sie ganz sicher sind, daß sich nichts am Umfeld ändern läßt und Sie es nicht mehr aushalten, sollten Sie in der Tat einen anderen Wirkungskreis in Erwägung ziehen!

Was werde ich hiervon überdenken? Wie werde ich es umsetzen?

_____
_____
_____
_____
_____

10. Zeitmangel:

- **Lesen Sie intensiv das Kapitel „Vom Umgang mit der Zeit"!**

Innerhalb dieses Kapitels werden Sie eine Menge Anregungen erfahren, wie Sie mit der Zeit sinnvoll und zufrieden umgehen können. Dennoch hier vorab schon einige plakative Hinweise:

- **Führen Sie eine „ABC-Analyse" Ihrer Tätigkeiten und Aufgaben durch!**

Eine solche persönliche Analyse bringt Transparenz in das, was Sie überhaupt tun, und wie Sie es (auch zeitlich) tun. Sie gibt wesentliche Hinweise auf Handlungsalternativen und Möglichkeiten zur Veränderung „programmierter Einstellungen".

Wie Sie eine solche Analyse durchführen können, erfahren Sie auf Seite 148f.

- **Tappen Sie nicht in „psychologische Zeitfallen"!**

  Hiervon gibt es eine ganze Reihe, zum Beispiel die Unfähigkeit, nein zu sagen, oder die Verschiebung eines Vorhabens auf „Gleich fangen wir an!" Im Kapitel „Vom Umgang mit der Zeit und den Aufgaben des Lebens" wird dies noch ausführlich dargestellt.

- **Organisieren Sie sich und Ihre Arbeit konsequent!**

  Straffen Sie den Ablauf Ihrer Tätigkeiten. Reduzieren, rationalisieren und delegieren Sie C-Aufgaben. Delegieren Sie mit aller Konsequenz. Nutzen Sie sinnvolle Hilfsmittel. Halten Sie sich zeitliche „Reserveblöcke" eisern frei.

- **Setzen Sie immer Prioritäten!**

  Halten Sie sich nicht mit Nebensächlichkeiten auf, sondern be- und verarbeiten Sie stets das Wichtigste zuerst.

Was werde ich hiervon überdenken? Wie werde ich es umsetzen?

_____
_____
_____
_____
_____

11. Routine:

- **Schaffen Sie sich Zeiträume für kreatives Tun!**

  Haben Sie Hobbies? Wenn ja, pflegen Sie sie in fest abgesteckten Zeiträumen (Sie haben ein Recht darauf!). Haben Sie kein Hobby? Dann überlegen Sie doch einmal, was Sie wirklich interessiert – und fangen Sie einfach mal an, notfalls auch gegen den Widerstand anderer!

Beruf/Tätigkeit: Nehmen Sie sich Zeit, Dinge einmal zu überdenken, sie möglicherweise anders, schöner, besser, interessanter zu gestalten. Machen Sie Vorschläge zur Verbesserung, gestalten Sie aktiv den Arbeitsprozeß mit!

Und sollte die Tätigkeit selbst nicht zu verändern sein, schaffen Sie sich ein für Sie positives und harmonisches Umfeld (Musik, Pflanzen, Einrichtung u. a.). Konzentrieren Sie Ihre Gedanken in kreativen Pausen auf etwas Schönes, Positives!

Eventuell nutzen Sie auch eine der im letzten Kapitel vorgestellten Entspannungsübungen ...?

- **Entwickeln Sie Mut zu Neuem, experimentieren Sie!**

Vielleicht sind Sie so in Ihrer Routine gefangen, daß Ihnen der Gedanke an etwas Neues noch gar nicht gekommen ist? Machen Sie einfach einmal etwas anderes oder eine Sache anders! Stellen Sie Althergebrachtes („Das haben wir schon immer so gemacht!") in Frage! Seien Sie mutig und neugierig, entwickeln Sie Interesse für Neues, auch wenn es Ihnen zunächst ungewohnt erscheint!

- **Bilden Sie sich kontinuierlich weiter!**

Viele Menschen tun rein gar nichts für ihre Weiterbildung und somit ihre Weiterentwicklung. Und: Keine Weiterentwicklung bedeutet Stillstand. Dabei ist der Mensch selbst dafür verantwortlich, wo und wie er persönliche Wissens-, Einstellungs- und Verhaltensoptimierung erfährt. Wer mehr weiß und kann, der hat auch mehr Chancen zur Veränderung! (Was tun Sie für Ihre Weiterentwicklung?)

Was werde ich hiervon überdenken? Wie werde ich es umsetzen?

_____
_____
_____
_____
_____

12. Die Menschen:

- **Aus vielen Kapiteln dieses Buches können Sie konkreten Nutzen ziehen!**

  Sie haben bereits vieles über sich selbst in Erfahrung bringen können. Die Konsequenz daraus: Je besser Sie sich verstehen lernen, desto besser wird es Ihnen auch gelingen, andere zu verstehen! Sie haben – und werden noch – viele Alternativen zum Umgang und zur positiven Begegnung mit Menschen in diesem Buch erfahren – so in den Kapiteln „Wahrnehmen, Verstehen und Verständigen", „Vom Umgang mit Konflikten" sowie „Vom Umgang mit Menschen". Je aufmerksamer Sie alles lesen, je mehr Sie davon auf Ihr Umfeld und Ihr Leben übertragen, desto besser und leichter werden Sie mit Menschen umzugehen wissen – auch mit Menschen, mit denen Sie bisher weniger klarzukommen glaubten!

- **Seien Sie sich möglicher „falscher" Abhängigkeiten bewußt!**

  Siehe hierzu auch Punkt 8!

  Wählen Sie Ihre Geschäftspartner, Freunde und Bekannten nicht nach finanziellem, materiellem Nutzen aus, sondern nach Geisteshaltungen und Wesenszügen, die Sie mögen! Trennen Sie sich von ungewollten, eigentlich nicht gemochten Menschen, auch und gerade dann, wenn Sie von diesen Menschen abhängig zu sein glauben. Wo tatsächliche, beispielsweise existenzielle Abhängigkeiten bestehen, prüfen Sie, ob Sie die Situation mit einem gewissen Maß an Diplomatie langfristig ertragen können.

- **Konzentrieren Sie sich auf authentische Beziehungen und wirkliche Freunde!**

  Es ist besser, einen wirklichen Freund zu haben als hundert oberflächliche „Sozialkontakte"! Selektieren Sie Ihren Freundes- und Bekanntenkreis nach den Personen, die Sie wirklich um sich haben möchten!

- **Sprechen Sie offen über Konflikte!**

  Nichts ist belastender als ein vorhandener gespürter, aber unausgesprochener Konflikt zwischen Menschen! Haben Sie den Mut, über diesen Konflikt zu sprechen und Ihre Gefühle dazu zu äußern!

Viele Konflikte lassen sich bereinigen. Und wenn nicht, kommt es zumindest zu einer konsequenten Klärung! Im Kapitel „Vom Umgang mit Konflikten" mehr dazu.

Was werde ich davon überdenken? Wie werde ich es umsetzen?

_____
_____
_____
_____

13. **Das tatsächlich Individuelle/Spezifische meiner Arbeit:**
    - **Siehe hierzu auch Punkt 11, Routine.**
    - **Angebote und Konzeptionen exakt dem tatsächlichen Bedarf des Auftraggebers/des Marktes anpassen!**

    Dies gilt natürlich in erster Linie für Menschen, die für einen Auftraggeber arbeiten. Hier fehlt es in der Tat sehr häufig an bedarfsorientierten, spezifischen Angeboten oder Arbeiten! Standard-Angebote und/oder aus dem Computer ausgewählte „Fertigware" mögen zwar rationell sein, machen aber auf Dauer keinen Spaß. Denken Sie einfach mal um: Erarbeiten Sie (die meisten Menschen haben das schon einmal getan) individuelle, persönliche, spezifische Konzepte für Ihren Kunden, Chef oder den Markt. Selbst das Begleitschreiben kann, individuell auf den Empfänger abgefaßt, viel Freude bereiten.

    - **Nicht jede Arbeit kann individuell sein!**

    Es gibt Tätigkeiten – und es muß sie geben –, die ihrer Art nach eher reproduktiv, nachvollziehend sind. Dann sollte dem allzu großen Wunsch nach Selbstverwirklichung die Akzeptanz der Notwendigkeit weichen. Und dennoch gibt es immer Gestaltungsspielräume, so zum Beispiel in Qualität, Menge oder Ästhetik!

    - **Stellen Sie einfach mal alles in Frage!**

    Die Menschen sind oft so lange mit etwas beschäftigt, daß sie „Scheuklappen" für Neues haben. Die meisten Arbeitsprozesse lassen sich aber positiv verändern, neu und anders gestalten. Schauen Sie sich Ihre Arbeit doch einmal so an, als würden Sie heute damit beginnen. Streichen Sie den Satz: „Das war schon immer so!" aus Ihrem Sprachgebrauch. Und fragen Sie einmal „fachfremde" Menschen, wie *sie* die Arbeit angehen würden. Es ist oft erstaunlich, was dabei herauskommt!

- **Steigen Sie um oder aus!**

Wenn Sie wirklich sicher sind, daß Sie sich auf einem anderen Feld wohler fühlen und besser verwirklichen könnten, fragen Sie doch nach der Möglichkeit eines anderen Arbeitsplatzes, oder „steigen Sie aus", und wechseln Sie in ein völlig neues Aufgabengebiet, sofern dies möglich und realistisch erscheint.

Was werde ich hiervon überdenken? Wie werde ich es umsetzen?

_____

_____

_____

_____

14. Einsamkeit:

- **Wenn Sie sich einsam fühlen, gestehen Sie es sich ein!**

Ein solches Eingeständnis sich selbst gegenüber ist ein erster Schritt zur Veränderung. Ein Beispiel: Viele Reisende, die häufig in Hotels übernachten müssen, verbringen ihre Abende in „gähnender Leere" oder in „satter Kompensation", zum Beispiel an der Hotelbar. Die meist oberflächlichen Gespräche ersetzen aber in der Regel keine echten Kontakte. Die Freizeit wird „totgeschlagen", der Mensch ist einsam. Das Eingeständnis dieser Einsamkeit – und das Reden darüber – kann möglicherweise dazu führen, daß Sie öfter von zu Hause oder von Freunden angerufen werden.

- **Hören Sie auf Ihre Bedürfnisse!**

Wenn Sie Einsamkeit verspüren, tun Sie etwas dagegen! Rufen Sie Freunde an und/oder besuchen Sie sie (die spontanen Besuche sind oft die schönsten). Gehen Sie unter Menschen, es gibt so viele, die ebenfalls einsam sind. Oder unternehmen Sie einfach etwas, was Ihnen wirklich Spaß macht (zum Beispiel Ihrem Hobby nachgehen, ein Buch lesen, in die Sauna gehen).

- **Suchen Sie Alternativen zu Ihrem bisherigen Leben/Beruf!**

  Bedeutet Einsamkeit für Sie einen hohen Leidensdruck, stellen Sie sich die Frage nach einer grundsätzlichen Veränderung, zum Beispiel einen Berufswechsel, einen Umzug an einen ansprechenderen Ort, den Eintritt in einen Verein oder Verband, die Suche eines (neuen) Hobbies. All dies natürlich nur, sofern die Möglichkeiten dazu realistisch scheinen.

  Was werde ich hiervon überdenken? Wie werde ich es umsetzen?

  _____
  _____
  _____
  _____
  _____
  _____

15. Nicht allein sein können bzw. dürfen:

    - **Artikulieren Sie Ihr Bedürfnis nach Alleinsein!**

      Manche Menschen haben die ungeheure Gabe, andere zu vereinnahmen – privat wie geschäftlich. Hierbei nehmen sie oft in keiner Weise Rücksicht auf andere, sondern setzen egoistisch ihre Interessen und Ziele durch. Diese Menschen machen Ihre Zeit kaputt! Sagen Sie das freundlich, aber bestimmt, und bestehen Sie auf Ihr Recht, Ihren Bedürfnissen nachzugehen! Sagen Sie beispielsweise nach einem Geschäftsessen: „So, nun möchte ich zu meiner Familie, ich freue mich darauf. Vielen Dank für das gute Gespräch. Auf Wiedersehen und noch einen schönen Abend." Oder sagen Sie es einfach, wie es ist: „Ich möchte jetzt gerne allein sein. Ich danke Ihnen für Ihr Verständnis!"

    - **Sagen Sie doch einfach mal „nein"!**

      Sie möchten allein sein und für Sie wichtige Dinge tun. Da bittet Sie (wieder) jemand, an dem Essen, dem Meeting oder der Kundenbetreuung teilzunehmen (weil Sie das ja immer machen). Ein authentisches „Nein!" – natürlich angemessen gesagt – wird in der Regel akzeptiert, und Sie glauben gar nicht, wie wohl Sie sich danach fühlen.

- **Stellen Sie Ihre Freizeit in Rechnung!**

  Sofern möglich (zum Beispiel bei Selbständigen), ist es eine sehr wirksame Methode, solche für die anderen so „selbstverständlichen" Kontakte tatsächlich in Rechnung zu stellen, um in der eigenen Freizeit nicht „ausgelutscht" zu werden. Dies kann bereits im Angebot formuliert werden („Für jedes weitere, im Angebot nicht enthaltene Gespräch investieren Sie pauschal DM xxx,–")! Dann macht das Gespräch vielleicht nicht unbedingt mehr Spaß, aber solche Gespräche werden – wie von Zauberhand – viel seltener.

  Was werde ich hiervon überdenken? Wie werde ich es umsetzen?

  _____
  _____
  _____
  _____

16. Das „Behaupten" im Markt:

- **Sehen Sie die Zukunft realistisch-positiv!**

  Wenn Sie an unser Kapitel „Eine Streßbilanz unserer Gesellschaft" zurückdenken, sind Existenzsorgen oder gar -ängste berechtigterweise nicht wegzudiskutieren. Nur: Je stärker wir solchen Sorgen „nachhängen", desto unfreier und ängstlicher werden wir. Haben Sie die notwendige Portion Mut und Zuversicht in Ihr Wissen und Können!

- **Betreiben Sie eigene Weiterbildung und -entwicklung!**

  Siehe hier auch Punkt 11, Routine.
  Erstellen Sie für sich einen persönlichen Weiterbildungs- und Entwicklungsplan! Wer nichts für seine persönliche Entwicklung tut, ist bald „out"!

- **„Machen" Sie den Markt!**

  Viele reden über „Marketing". Manche wissen, was es ist. Und wenige praktizieren es! „Machen" Sie Ihren Markt – sei es als „Verkaufen" der eigenen Qualifikation oder im Geschäftsbereich durch das Entwickeln von Strategien zur Akquisition und Kundenbetreuung, Mitarbeitermotivation, eine gelebte Firmenphilosophie, Marktbeobachtung und -analyse, Innovation und Entwicklungsarbeit.

- **Versuchen Sie, sich rational der Unsinnigkeit vieler Ängste bewußt zu werden!**

Wir wissen, daß es schwer ist, empfundene Ängste, wie beispielsweise die Angst vor Existenzverlust, „kopfmäßig" zu relativieren. Aber tatsächlich sind sehr viele dieser Ängste unnötig und beruhen oft auf einer allgemeinen Mißstimmung, auf Gerüchten oder Kampagnen.

- **Erkennen Sie Wettbewerb und Konkurrenz an!**

Statt Wettbewerb oder Konkurrenz als etwas Bedrohliches, Gefährliches zu sehen, ist es durchaus möglich, eine Ergänzung darin zu finden. Nicht umsonst geht der Trend zu Kooperationen. Und (ob wir das nun gut finden oder nicht): Unser System ist im Sinne der freien Marktwirtschaft nun einmal auf Wettbewerb aufgebaut. Sollten Sie hierbei als „Verlierer" hervorgehen, denken Sie daran: Das Leben hat noch viel mehr schöne Seiten zu bieten!

Was werde ich hiervon überdenken? Wie werde ich es umsetzen?

_____

_____

_____

_____

_____

17. **„Seelischer Mülleimer":**

- **Siehe hierzu Punkt 15, Nicht allein sein können bzw. dürfen.**
- **Werden Sie sich Ihrer Stärken bewußt!**

Sie sind ein Mensch, der anderen wirklich zuhört und sich für die Sorgen und Meinungen anderer interessiert. Solche Menschen sind in unserer Welt recht rar geworden. Ihr Empfinden, als „seelischer Mülleimer" zu fungieren, ist gleichzeitig Ihre Stärke! Wer so mit Menschen umzugehen versteht, beweist ein hohes Maß an Sensibilität und Einfühlungsvermögen für andere. Behalten Sie also diese Stärke bei, aber lassen Sie sich dabei nicht „unterbuttern" oder vollends vereinnahmen!

- **Reden Sie (mal wieder) von sich!**

  Haben Sie den Mut, wieder einmal über sich zu reden und Ihre Meinungen, Interessen und Gedanken „loszuwerden". Vermutlich haben Sie das schon lange nicht mehr getan. Freilich, die anderen werden kaum in dem Maße zuhören, wie *Sie* es bei anderen tun, und doch sollten Sie sich mit Ihren Bedürfnissen artikulieren.

- **Sprechen Sie es an!**

  Wenn es Ihnen wieder einmal so ergeht, daß Sie meinen, nichts oder nur wenig von sich loswerden zu können, sagen Sie es den/dem anderen! Zum Beispiel: „Ich fühle mich momentan nicht wohl in diesem Gespräch, weil ich das Bedürfnis habe, auch mal etwas loszuwerden. Wir haben jetzt die ganze Zeit über Dich gesprochen – jetzt will ich Dir einmal etwas über meine Situation erzählen." In vielen Fällen wird sich dieser Versuch lohnen.

- **Seien Sie einfach mal unbescheiden und selbstkonzentriert!**

  Die anderen Menschen kennen Sie als einfühlsamen Menschen, und sie werden Ihr neues Verhalten, sich selbst einmal in den Vordergrund zu stellen, vermutlich akzeptieren.

Was werde ich hiervon überdenken? Wie werde ich es umsetzen?

_____
_____
_____
_____

18. Organisatorische Unzulänglichkeiten:

- **Siehe hierzu auch den Punkt 10, Zeitmangel!**

- **Lesen Sie zu diesem Thema bitte intensiv die Kapitel „Vom Umgang mit der Zeit" und „Vom Umgang mit Aufgaben"!**

  Mehr soll an dieser Stelle nicht gesagt werden, da wir uns in den entsprechenden Kapiteln sehr ausführlich damit beschäftigen. Nach dem Lesen der Kapitel können Sie aber auf diese Seite zurückkehren, um Ihre Vorhaben und Handlungsalternativen nicht in Vergessenheit geraten zu lassen.

Was werde ich überdenken? Wie werde ich es umsetzen?

_____
_____
_____
_____
_____

19. Privatleben:

- **Siehe hierzu auch die Punkte 4., 6., 14. und 15.**
- **Setzen Sie auf Ihre Lebens-Priorität!**

  Bei allen geschäftlichen, gesellschaftlichen oder sportlichen Erfolgen, bei aller Arbeit und „Plackerei", ja, bei allem Denken und Handeln im Leben ist die „Lebens-Priorität" ein zufriedenes, glückliches und harmonisches Privatleben. Denn: Bei allen „Erfolgen", bei Anerkennung und Wertschätzung „draußen", bei allem materiellen Streben tun die Menschen doch letztendlich all dies für das „private Nest", in dem sie sich wohlfühlen möchten! Setzen Sie dieses Glück – sofern Sie es haben – durch nichts auf's Spiel!

- **Schaffen Sie sich private Freiräume, und nutzen Sie sie!**

  Nutzen Sie Ihre Freizeit sinnvoll, und lassen Sie sich nicht „hängen"! Unternehmen Sie viel mit Ihrer Familie (statt nur fernzusehen)!

  Kommt Ihnen diese Situation bekannt vor: Wir „ringen uns durch", mit dem Fahrrad eine Tour zu machen. Unterwegs besuchen wir Freunde, die wir schon lange nicht mehr gesehen haben, und trinken mit ihnen Kaffee. Anschließend radeln wir weiter durch eine schöne Landschaft bei herrlichem Wetter. Am späten Nachmittag kehren wir irgendwo ein, essen eine Kleinigkeit, dann geht es nach Hause. Wohlig müde sagt plötzlich jemand: „Du, das müßten wir doch eigentlich öfter machen!" Und was machen Sie?!

  Pflegen Sie unbedingt aktiv Ihren Freundeskreis! Blocken Sie Urlaub und Freizeit in Ihrem Terminplaner genauso rigoros ab, wie Sie es mit wichtigen Geschäftsterminen machen würden!

- **Sprechen Sie mehr miteinander!**

  Je länger eine private Beziehung dauert, desto weniger wird meistens über persönliche Dinge gesprochen – häufig geht es in Gesprächen um Sachfragen des Alltages. Brechen Sie dieses Schweigen auf! Viele, oft unterschwellige Konflikte können so gelöst oder zumindest geklärt werden.

  Was werde ich hiervon überdenken? Wie werde ich es umsetzen?

  _____
  _____
  _____
  _____
  _____

20. **Persönliche Konfliktbearbeitung:**

    - **Siehe hierzu alle vorangegangenen Hinweise dieser Testauswertung, sofern Sie in den Einzelpunkten davon betroffen sind.**
    - **Lesen Sie intensiv und, wenn nötig, wiederholt dieses Buch, besonders das Kapitel „Vom Umgang mit Konflikten". Es wird Sie entscheidend bei der Lösung Ihrer eigenen Konflikte unterstützen.**

    Hier zusätzlich einige für Sie wesentliche Hinweise:

    - **Suchen Sie Hilfe und Unterstützung bei Ihnen wohlwollenden Menschen!**

    Scheuen Sie sich nicht, um Hilfe und Unterstützung zu bitten! Menschen helfen gerne, und wenn es Menschen sind, die Ihnen Wohlwollen entgegenbringen, wird Ihnen allein schon die offene Aussprache mit ihnen eine Hilfe sein!

    - **Stehen Sie zu sich!**

    Manche selbst empfundenen „Schwächen" relativieren sich, wenn man weiß, daß jeder Mensch aus Stärken *und* Schwächen besteht. Seien Sie selbstbewußt, und stehen Sie zu Ihren Wertvorstellungen und Meinungen!

- **Suchen Sie, sofern nötig, professionelle Hilfe auf!**

  Wenn Sie glauben, auch mit Hilfe von Freunden oder Ihres Partners Ihre persönlichen Konflikte nicht bewältigen zu können, ist es absolut keine Schande, sich einmal an einen guten psychologischen Berater oder Psychotherapeuten zu wenden. Die leider noch allzuhäufig verbreitete Meinung, daß jemand, der zu einem Psychotherapeuten geht, (geistig) krank sei, ist natürlich vollkommen irrig!

- **Sprechen Sie über Ihre Konflikte!**

  Artikulieren Sie, wo immer es Ihrer Ansicht nach geht, was Sie beschäftigt oder sorgt – und fressen Sie es nicht in sich hinein (siehe auch das Kapitel „Von Eustreß und Distreß ..."))! Allein schon durch das Aussprechen lösen sich viele Konflikte oder wirken nicht mehr so belastend wie vorher.

Was werde ich hiervon überdenken? Wie werde ich es umsetzen?

(Tragen Sie hier Ihre Ideen spontan und dann beim weiteren Lesen des Buches kontinuierlich ein):

_____
_____
_____
_____
_____
_____
_____
_____
_____
_____
_____
_____
_____
_____
_____
_____

Resümee der zweiten persönlichen Bestandsaufnahme

Sie hatten nun die Möglichkeit, mit Hilfe eines Fragenkataloges zu 20 typischen Burnout-Phänomenen Ihre persönliche Betroffenheit und deren Gewichtung (Belastungsgrade) einzuordnen. Danach konnten Sie anhand der Aussagen zu den einzelnen Kriterien eine Vielzahl von Anregungen zu Ihren individuellen Belastungen und deren Begegnung erfahren.

Die Mehrzahl der getroffenen Aussagen und Hinweise sind – und das sei noch einmal wiederholt – bewußt „plakativ" gehalten. Sie wirken bisweilen gar „rezepthaft". Und so soll es auch sein. Ein „Rezept" macht nämlich durchaus dann Sinn, wenn es:

– Ihre persönliche Belastung vermindert,
– die „Medizin auch eingenommen" wird (Ihr ehrlicher Wunsch nach Veränderung) und
– die „Medizin auch wirkt", das heißt in unserem Falle, daß die Chance einer positiven Veränderung auch angenommen und tatsächlich genutzt wird!

Vielleicht fehlt Ihnen aber noch zu einigen, für Sie wichtigen „Rezepturen" der „Beipackzettel", auf dem steht, *wie* Sie die „Medizin" anwenden sollten. Es ist also unabänderlich, nach den Einsichten den Weg aufzuzeigen, wie Belastungen gemeistert werden können, um einem drohenden Burnout zu entgehen. Über das Wie und den Weg zu einem sinnerfüllten Leben erfahren Sie in den nächsten Kapiteln dieses Buches.

III. Ausgebrannt und leer – Hilfen zu Selbsthilfe

Vom Umgang mit sich selbst und anderen

Wahrnehmen, Verstehen und Verständigen

Tagtäglich versuchen wir, unsere Welt, die Menschen und uns selbst zu verstehen. Wir nehmen Situationen, Dinge, Erfahrungen wahr und verarbeiten sie individuell in unserem Weltbild.

Auf diese Weise stehen wir in einem permanenten Verständigungsprozeß mit der „Welt" und erleben doch gerade hierbei so viele Mißverständnisse und Verständigungsprobleme. Dieser kommunikative Prozeß findet keineswegs nur auf unserer sprachlichen Verständigungsebene statt, sondern berührt zunächst einmal unsere Wahrnehmung und deren Verarbeitung. Vom Wort „wahrnehmen" ausgehend, versuchen wir das für „wahr zu halten", „wahr zu nehmen", was wir mit unseren Sinnesorganen erfassen können. Doch die Frage ist, ob unsere Wahrnehmung überhaupt objektiv (wahr) sein kann.

Neben den Naturwissenschaften wie Physik oder Biologie beschäftigen sich ebenso die Geisteswissenschaften wie Philosophie, aber auch die Religionen mit der „Wahrheit" von Welt; immer wird der Versuch unternommen, die Welt erklärbar, deutbar und für uns eindeutig zu machen.

Auch Psychologie, Pädagogik und Soziologie bemühen sich seit jeher, den „Dialog mit der Welt" konstruktiv greifbarer zu machen. In der Literatur nimmt die Suche nach der objektiven Wahrnehmung, der Wahrheit und der damit verbundenen Sinnerfassung von „Leben und Welt" einen breiten Raum ein. Und dennoch muß Goethes Faust sich eingestehen: „Hier steh ich nun, ich armer Thor, und bin so klug als wie zuvor".

Wir werden hier den gordischen Knoten nicht lösen, dies ist auch keineswegs unsere Absicht. Aber es ist wichtig, zunächst einmal grundsätzlich darauf hinzuweisen, daß es eine objektive Wahrnehmungs- und Verste-

88 Ausgebrannt und leer – Hilfen zur Selbsthilfe

hensebene *nicht* gibt, sondern jeder von uns in seiner eigenen individuellen und subjektiv empfundenen Realität wahrnimmt und Verständigung sucht. Schon zwischen den Lebewesen dieser Erde gibt es gravierende Unterschiede:

Der Hund, der seine „Welt" vorwiegend über die Nase wahrnimmt, die Katze, die ihre „Welt" über das Auge erfaßt, die Fledermaus, die über eine Art Echolot verfügt ...

Wie unterschiedlich wir unsere Welt wahrnehmen, und vor allem wie unterschiedlich wir unsere Wahrnehmungen bewerten und im inneren Dialog rückkoppeln, wurde ausführlich dargestellt.

Auf unsren persönlichen Blickwinkel, unsere individuelle Sichtweise kommt es entscheidend an, wie und auch was wir wahrnehmen. Betrachten Sie einmal die folgende Figur:

Was sehen Sie hier? Eine Spirale? Einen Strudel? Bildtiefe nach hinten oder nach vorne springend?

Tatsächlich handelt es sich hier um eine optische Täuschung. Wenn Sie einen Finger als Führungshilfe benutzen und die scheinbare Spirale entlangfahren, werden Sie feststellen, daß es sich tatsächlich um in sich geschlossene, konzentrisch angeordnete Kreise handelt.

Unsere (hier visuelle) Wahrnehmung ist durch Vorerfahrungen geprägt, wir ordnen das Wahrgenommene nach den uns geläufigen, üblichen Mustern ein: Unser Gehirn sortiert – ähnlich einem Computer – das Gesehene nach den mehrheitlichen Ähnlichkeiten anderer schon gespeicherter Wahrnehmungen (Wiedererkennungseffekt). Ein ähnliches Beispiel für solche „Generalisierungen" ist auch das kleine Kind, das etwa bei einem Einkaufsbummel mit der Mutter zu einem fremden Mann mit Brille, Bart und schwarzem Haar „Papa" sagt, nur deshalb, weil der Vater ähnliche äußere Merkmale besitzt. Ähnlich wie sich auf diese Weise unser „Blick" kanalisiert, so geschieht dies auch mit unseren Empfindungen durch Erlebnisse und Erfahrungen im „Umgang mit der Welt".

So kommt es dazu, daß der eine Mensch bei einer Symphonie von Beethoven in feierliche, gehobene Stimmung versetzt wird, ein anderer Trauer empfindet, ein dritter dagegen völlig unberührt bleibt.

Gleiches gilt für das, was wir schön finden und mögen (Bilder, Texte, Filme, Kleidung ...) bis hin zu höchst subjektiven „Ausleseempfindungen" bei der Partnerwahl. Deshalb ist die der Welt zugrunde liegende *Wahrheit* immer nur *verschlüsselt* in unserer subjektiven Wirklichkeit, in den *individuellen Wahrheiten* vorhanden.

Immer, wenn zwei Menschen aufeinandertreffen, sind deshalb auch zwei „Wahrheitssysteme" gegenwärtig, eine wichtige Tatsache, die für unser Wahrnehmen, Verstehen und Verständigen eine große Rolle spielt, wenn wir uns um eine Verbesserung unseres Umgangs miteinander bemühen. Fassen wir noch einmal vereinfacht zusammen:

Welt wird von unseren Sinnesorganen *registriert,* unser individuelles Fundament aller Vorerfahrungen deutet, wertet und ordnet diese *Eindrücke* und schafft somit in Verbindung mit *Welt* unsere Realität, eine *subjektive Wirklichkeit.*

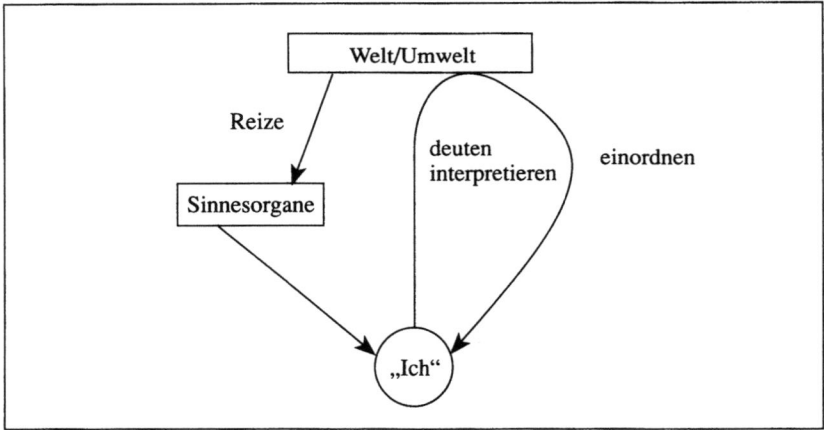

Die „Welt" und das „Ich" in ihrer Wechselwirkung

Wird diese Wirklichkeit durch ein schleichendes Burnout gefährdet, fühlen wir uns nicht mehr wohl in unserer Haut, wir verstehen die Welt nicht mehr, fühlen uns ausgebrannt, leer und isoliert. Statt unsere *Welt* zum lebendigen Austausch und prozeßhaften Wachsen in der Auseinandersetzung mit anderen Menschen *(Welten)* aktiv zu nutzen, ziehen wir uns mehr und mehr zurück und können bis zum inneren Ausgebranntsein oft nur mühsam die *äußere Fassade* aufrecht erhalten.

Einer der wohl wichtigsten Gründe liegt oft darin, daß in der Kommunikation mit anderen Menschen soviele *Mißverständnisse, Verletzungen* und *Zurückweisungen* geschehen, die unseren Selbstwert erschüttern und unsere Bereitschaft zum *Austausch* verringert haben. Um dem Burnout-Syndrom auf dieser Ebene etwas entgegensetzen zu können, insbesondere aber auch, um ihm vorsorglich und frühzeitig entgegenzutreten, ist es wichtig, sich noch einmal ins Gedächtnis zu rufen, daß jeder von uns aus seiner individuell subjektiven Wirklichkeit heraus kommuniziert und es darauf ankommt, die kommunikative Ebene durch Kenntnis einiger Regeln zu optimieren. Machen Sie hierzu zunächst (auch mit der Familie, mit Freunden oder Kollegen) einen kleinen Test:

Bitten Sie Ihre Mitspieler, beispielsweise bei dem Wort „grün" ganz spontan zu sagen, womit sie „grün" verbinden. Sie werden die unterschiedlichsten Antworten erhalten: „Farbe", „Wiese", „Ruhe", „Meer", „Kühe", „Urlaub", „ein Kleid" usw. Das Wort „grün" löst also in Ihrem Gegenüber gleichzeitig eine bestimmte Assoziation aus, die seiner individuellen *Einstellung* zu diesem Wort entspricht.

Um wieviel schwieriger und problematischer wird es da erst, wenn wir beispielsweise von Liebe, Partnerschaft, Frieden, Toleranz und anderen abstrakten Dingen sprechen, die ein ganzes Bündel von Assoziationen im Gegenüber auslösen.

Je komplexer wir unsere Gespräche führen, um so wichtiger wird es deshalb, nicht in der Annahme verhaftet zu bleiben, der andere müsse aufgrund der Eindeutigkeit der benutzten Worte doch verstanden haben, was wir meinen. Fragen Sie nach, und lassen Sie Nachfragen zu. Erklären Sie Ihr Vorhaben noch einmal, benutzen Sie andere Worte. Der andere mißversteht Sie meist nicht aus bösem Willen, sondern deutet und wertet das von Ihnen Gesagte aus seinem eigenen Lebenssystem heraus.

Sie als *Sender* und Ihr Gegenüber als *Empfänger* repräsentieren zwei unterschiedliche *Realitäten,* was auch durch die scheinbare Eindeutigkeit von Worten nicht aufgehoben wird.

Sehen Sie sich hierzu die folgende Abbildung an, die einen (einfachen) Kommunikationsprozeß darstellt:

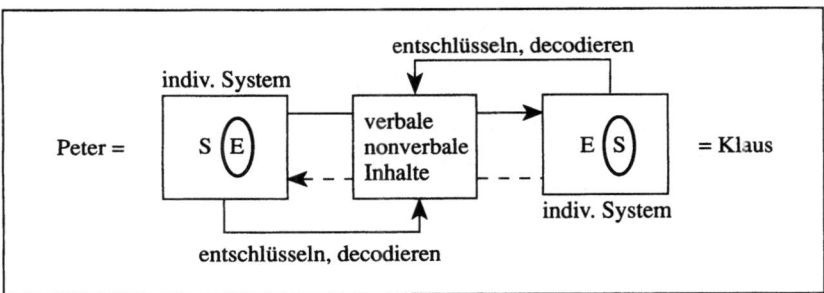

Einfaches Kommunikationsmodell

Peter und Klaus unterhalten sich. Zunächst ist Peter der *Sender* (S), dessen *Nachrichten* von Klaus als *Empfänger* (E) zu entschlüsseln sind. Dann antwortet Klaus und wird somit seinerseits zum *Sender* (S), und Peter muß als *Empfänger* (E) die von Klaus übermittelten Inhalte entschlüsseln.

Da Peter und Klaus zwei *individuelle Wahrheiten* repräsentieren und jeder aus seiner subjektiven Wirklichkeit heraus sendet und empfängt, wird es auf der Verstehensebene (dem „Entschlüsselungsprozeß") immer wieder zu ungewollten Mißdeutungen, Mißverständnissen und Verschiebungen kommen.

Worum wir uns aber dennoch bemühen können, ist, unsere Kommunikation zu verbessern, um letztlich diese uns selbst schädigenden Mißverständnisse und Reibungen zu vermindern. Hilfreich hierbei ist, zunächst einmal herauszufinden, aus welchem Wahrnehmungssystem unser Gegenüber *schwerpunktmäßig*, aber auch wir selbst der Welt begegnen.

Bevor Sie weiterlesen, nehmen Sie sich bitte einen Moment Zeit, und bitten Sie vielleicht auch wieder Ihren Partner, Ihre Familie und Freunde, mitzuspielen:

Schreiben Sie einen kleinen Aufsatz mit der Überschrift: „Ein Tag am Strand ..." (eine Heftseite genügt vollkommen). Tauschen Sie jetzt Ihre Aufsätze aus, und achten Sie beim Lesen darauf, welcher Wahrnehmungsschwerpunkt gewählt wurde: Wenn der Aufsatz Ihres Gegenübers vorwiegend *visuell* ist, dann steht dort etwa:

Ich liege im Sand und sehe dem buten Treiben der Kinder zu. Über mir ziehen Möwen dahin, und über dem weit entfernten Leuchtturm kräuseln sich einige Wolken. Auf dem Meer sind kleine Segelschiffe und einige Fischerboote, die meinen Blick gefangen halten ...

Ist der Aufsatz vorwiegend *auditiv*, dann könnte der Text so aussehen:

Ich liege im Sand und höre aus der Ferne das Rauschen des Meeres. Irgendwo klingen Fetzen von Musik herüber, untermalt vom Kreischen der Möwen. Das Tuckern von Booten in der Ferne kündigt die baldige Ankunft der Fischer an ...

Bei vorwiegender Gefühlsbetontheit (*kinästhetischer* Schwerpunkt) wären die Zeilen vielleicht folgendermaßen formuliert:

Ich liege im Sand und genieße die Ruhe. Eine kühle Brise streichelt meine Haut. Das tut gut nach der warmen Sonne. Zwischen meinen Fingern spüre ich den feinen Sand, und es kitzelt, wenn ich ihn langsam hindurchrieseln lasse. Ich spüre, wie ich immer mehr ausspannen und mich erholen kann ...

Können Sie den Aufsatz Ihres Mitspielers und Ihren eigenen einordnen? Bedenken Sie hierbei, daß es nur auf den Schwerpunkt des Mitgeteilten ankommt (Mischformen sind durchaus üblich). Wurde in der Beschreibung vorwiegend das Auge, das Ohr oder das Gefühl sprachlich umgesetzt?

Sind Ihre Partner und Sie selbst also eher visuell, auditiv oder kinästhetisch wahrnehmende Menschen? Vielleicht auch ein Mischtyp? Dies ist wichtig zu wissen, denn in den drei unterschiedlichen Wahrnehmungsschwerpunkten liegen oft böse, ungewollte (weil unbewußte) Mißverständnisse im Verstehen und Verständigen begründet.

Ein Beispiel:

Eva und Peter sind zu später Stunde noch einmal an den Strand gegangen. Die Sonne geht unter. „Was für ein grandioser Anblick", bemerkt Peter tief beeindruckt. Hierauf entgegnet Eva: „Du, ich habe meine Jacke vergessen, mir ist kalt." Sie können sich bestimmt vorstellen, wie schnell es jetzt zu einer Art Mißstimmung (bis hin zum Streit) kommen kann. Dabei haben beide nur aus ihrem individuellen Wahrnehmungssystem heraus gehandelt („Ich sehe etwas ..."/„Ich fühle etwas ..."), zwei unterschiedliche Wahrheiten sind aufeinandergetroffen.

Hierbei ist die eine Wahrheit nicht besser als die andere, kein Wahrnehmungsschwerpunkt höher als ein anderer zu bewerten. Wichtig ist nur, daß wir uns der Verschiedenheit bewußt sind und uns dann darauf einstellen können. So wird manches nicht mehr als persönlicher Angriff empfunden, was eigentlich nur ein (ungewolltes) Mißverständnis aufgrund mangelnder Kenntnis der Wahrnehmungsschwerpunkte des anderen ist.

Versuchen Sie deshalb, den Wahrnehmungsschwerpunkt Ihres Gegenübers festzustellen, achten Sie hierbei insbesondere im Gespräch auf die Verben und Substantive, die benutzt werden, zum Beispiel der Vorgesetzte.:

„Ich *sehe*, daß Sie Ihre Arbeit gut gemacht haben; ich habe mir die Ergebnisse *angeschaut* und stelle fest, daß wir hiermit ein *gutes Bild* gegenüber der Konkurrenz abgeben." (visuell)

„Mir ist *zu Ohren* gekommen, daß in Ihrer Abteilung einige Dinge liegen geblieben sind. Habe ich *richtig gehört,* daß dies an mangelnder Organisation liegen könnte?" (auditiv)

„Ich habe das *Gefühl*, daß es mit unserer Auftragslage wieder besser wird. Wie *empfinden* Sie das? Ich bin jedenfalls sehr *zufrieden* mit dem Ergebnis und *freue* mich, wenn wir auf diese Weise weitermachen." (kinästhetisch)

Da Menschen selbstverständlich über alle drei Wahrnehmungskategorien verfügen – wenn auch in unterschiedlich starker Ausprägung – ist nur ein wenig Training notwendig, um sich auf den Schwerpunkt des anderen einzustellen, auf diese Weise die Kommunikation zu verbessern und Mißverständnisse zu vermeiden: Je bildhafter und anschaulicher ich mit einem visuell veranlagten Menschen spreche, um so eher werde ich verstanden. Gleiches gilt für den auditiv veranlagten Menschen, wenn ich insbesondere das formuliere und in Sprache umsetze, was ich höre und gehört habe. Und schließlich, je mehr ich meinen Empfindungen und Gefühlen Ausdruck verleihe, desto besser gelingt die Verständigung mit einem vorwiegend kinästhetisch veranlagten Menschen.

An dieser Stelle soll noch einmal darauf aufmerksam gemacht werden, daß es sich hierbei nur um Möglichkeiten handelt, kommunikatives Verhalten zu verbessern, eine grundsätzlich objektiv eindeutige Übereinstimmung kann es aus den bereits genannten Gründen (Assoziationen, unterschiedliche Schwerpunkte im Wahrnehmungssystem) insbesondere auch deshalb nicht geben, weil jede Nachricht, die wir senden, auch *nicht* ausgesprochene Inhalte hat.

Ein Beispiel:

Frau und Herr Schütze sitzen abends beim Fernsehen. Plötzlich sagt Herr Schütze: „Erna, das Bier ist alle." Was beinhaltet diese Nachricht?

1. Einen *Sachverhalt*: „Es ist kein Bier mehr da."
2. Eine *Selbstoffenbarung*: „Ich habe Durst, will mehr Bier ..."
3. Einen *Beziehungsaspekt*: „Du könntest mich besser versorgen ..."
4. Einen *Appell*: „Hol ein neues Bier!"

Bitte versuchen Sie einmal selbst unter Zuhilfenahme der vier Aspekte, die Anatomie der folgenden Nachricht aufzuschlüsseln: Herr Schütze ist mit seiner Frau im Auto unterwegs. Frau Schütze fährt und muß vor einer roten Ampel anhalten. Da sagt Herr Schütze: „Erna, die Ampel ist grün."

1. Ihre Antwort zum Sachverhalt:

Vom Umgang mit sich selbst und anderen 95

2. Ihre Antwort zur Selbstoffenbarung:

___

3. Ihre Antwort zum Beziehungsapsekt:

___

4. Ihre Antwort zum Appell:

___

So etwa könnten Ihre Antworten aussehen:

Zu 1.: „Die Ampel ist grün."
Zu 2.: „Ich habe bemerkt, daß die Ampel grün ist, ich würde jetzt fahren."
Zu 3.: „Du bist kein so guter Autofahrer wie ich."
Zu 4.: „Nun fahr doch endlich los, grüner wird's nicht."

Selbst in rein bildhaft übermittelten Nachrichten finden sich diese vier Aspekte wieder. Versuchen Sie auch hier einmal, mögliche Inhalte aufzuschlüsseln:

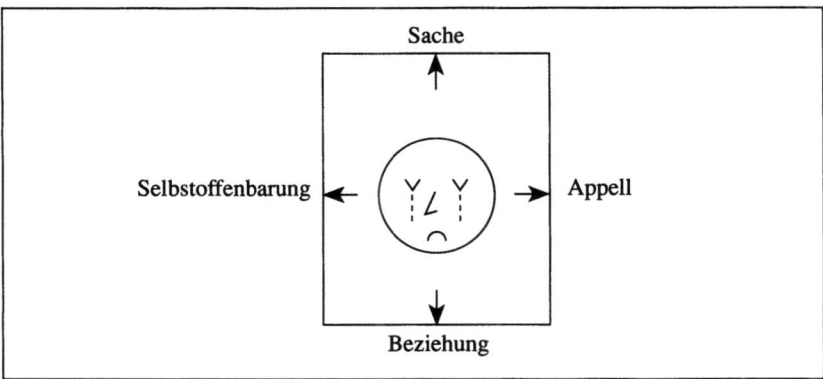

Aspekte kommunikativer Inhalte

Ihre Antworten:

Sache: ___

Selbstoffenbarung: ___

Beziehung: ___

Appell: ___

Mögliche Antworten:	„Ein Mensch weint."	(Sache)
	„Ich bin traurig."	(Selbstoffenbarung)
	„Du hast mir wehgetan."	(Beziehung)
	„Tröste mich!"	(Appell)
u. a. aber auch denkbar:	„Ein Mensch weint."	(Sache)
	„Ich bin wütend."	(Selbstoffenbarung)
	„Dir kann man nicht vertrauen."	(Beziehung)
	„Hau ab!"	(Appell)

Neben den gesprochenen Worten gibt uns deshalb jede Nachricht auch nonverbale Informationen, die wir subjektiv in die Deutung und Bewertung dieser Nachricht integrieren. Hinzu kommt noch das Gebiet der Körpersprache, die unsere Kommunikation in nicht unerheblichem Maße mitbestimmt.

Wenn wir uns die vier Aspekte der Nachrichtenanatomie noch einmal ansehen, wird schnell deutlich, daß Verständigungsprobleme und Mißverständnisse vorrangig in den Aspekten Beziehungen und Appell zu finden sind, daß Sache und Selbstoffenbarung für sich allein genommen keinen Konfliktstoff beinhalten.

Deshalb ist es wichtig, gerade auf der Beziehungs- und Appellebene unsere Kommunikation von unnötigen Mißverständnissen und Reibungen, soweit eben möglich, zu befreien. Dies geschieht, indem wir dem Selbstoffenbarungsaspekt mehr Raum geben, unsere eigene Befindlichkeit stärker verbalisieren und damit unterschwellige (oft unbewußte) Schuldzuweisungen vermeiden.

Hierzu ein Beispiel:

Fritz Meier ist Handelsvertreter und sehr viel unterwegs. Nur selten kann er abends mit seiner Frau gemeinsam zu Abend essen. Er freut sich deshalb sehr, daß er heute abend pünktlich nach Hause kommen kann. Er verspricht, um 19.30 Uhr von seinen Kundenbesuchen zurück zu sein, um dann mit seiner Frau einen gemütlichen Abend zu verbringen.

Frau Meier freut sich ebenso, daß ihr mit ihrem Mann nach langer Zeit endlich wieder ein Abend ganz privat zur Verfügung steht. Sie beschließt, ein besonders gutes Essen zuzubereiten, stellt Kerzen auf den Tisch und zieht sich besonders hübsch an. Kurz vor 19.30 Uhr entzündet sie die Kerzen, stellt Braten und Beilagen auf die Warmhalteplatte und wartet darauf, daß es jetzt jeden Augenblick klingeln müßte. Jedoch die Zeit vergeht: Es wird 20.00 Uhr, schließlich 21.00 Uhr, und endlich, gegen 21.30 Uhr, hört Frau Meier das Auto ihres Mannes vorfahren.

Ihre „Begrüßung", in die ihre verständliche Sorge, aber auch ihr Ärger einfließen, sieht etwa so aus: „Da bist Du ja endlich! Wo warst Du denn? Man kann sich nicht auf Dich verlassen, wenigstens anrufen hättest Du können. Deinetwegen habe ich mir soviel Mühe mit dem Essen gemacht, aber Du mußt alles verderben ..." Herr Meier, der noch gar keine Möglichkeit hatte, sein (vielleicht völlig unverschuldetes) Zuspätkommen zu erklären, fühlt sich angegriffen, getadelt und ausgeschimpft. Seine Stimmung und die Freude auf einen gemeinsamen Abend sinken erheblich, und im schlimmsten Falle könnte er sich jetzt umdrehen und bemerken: „Dann geh ich eben wieder, im Gasthaus nebenan gibt es bestimmt auch was zu essen, und die Stimmung ist dort auch viel besser."

Hätte Frau Meier eher Gewicht auf die eigene Befindlichkeit gelegt, den Selbstoffenbarungsaspekt stärker betont, wäre es vielleicht ganz anders gelaufen. Gemeint sind die sogenannten Ich-Botschaften, die auf der sprachlichen Ebene den anderen weitgehend „draußen" lassen, so daß im Gegensatz zu Du- oder Man-Botschaften die Gefahr des Angegriffenseins und der Schuldzuweisung für das Gegenüber erheblich vermindert wird.

So etwa hätte Frau Meier auch sagen können: „Ich habe mir Sorgen gemacht, jetzt bin ich erleichtert, daß Du da bist. Schade, daß es so spät geworden ist. Ich habe mir soviel Mühe mit einem schönen Essen gemacht, und nun ist alles verbruzzelt. Ich hatte mich so sehr auf den Abend gefreut ..."

Herr Meier hätte hierauf bestimmt positiver reagiert, möglicherweise hätte er seine Frau in den Arm genommen und gesagt: „Komm, laß uns schauen, was noch zu retten ist ..."

Ein weiteres Beispiel zeigt noch einmal, wie hilfreich es sein kann, den Selbstoffenbarungsaspekt im Sinne von Ich-Botschaften in den Vordergrund zu stellen:

Der kleine Oliver, Sohn von Frau Müller, hat sich angewöhnt, jedesmal nach der Schule seine Tasche irgendwo im Flur auf dem Boden abzulegen. Frau Müller ist hierüber sehr ärgerlich und hat auch Sorge, daß irgendwann einmal jemand über die Schultasche fallen könnte. Obwohl Herr Müller schon seit längerem einen besonderen Haken in Olivers Höhe im Flur angebracht hat, gelingt es nicht, den Sohn dazu zu bewegen, seine Mappe beim Nachhausekommen dort aufzuhängen.

Frau Müller kommentiert das Verhalten von Oliver etwa so: „Sei doch nicht immer so unordentlich! Wie oft habe ich Dir schon gesagt, Du sollst Deine Tasche aufhängen! Du machst einen richtig wütend! Du bist doch schon groß, ein großer Junge tut so etwas nicht. Ein wenig Gehorsam kann ich doch wohl von Dir verlangen. Sieh mal, wie unordentlich Du die Wohnung machst, wenn Du so gedankenlos und unkonzentriert bist. Jedesmal das gleiche Theater mit Dir, es ist nicht zum Aushalten ..."

Oliver ändert sein Verhalten nicht: Wie es sich für einen „ungehorsamen, gedankenlosen und unordentlichen Jungen gehört", bleibt es bei der täglichen „Taschenauseinandersetzung", zum Teil auch, um sich gegen die Vorwürfe der Mutter zu wehren und sie dafür zu strafen – eine sich täglich wiederholende Streßsituation für beide Beteiligten.

Schließlich geht Frau Müller mit Oliver zur Erziehungsberatung und erfährt auch etwas von Ich-Botschaften, mit deren Hilfe sie der Streßsituation entgegentreten kann. In den nächsten Wochen kommentiert sie Olivers Verhalten ganz anders: „Ich mache mir Sorgen, daß jemand über die Tasche fallen könnte. Ich habe mir große Mühe gemacht, die Wohnung für uns alle aufzuräumen, es bereitet mir Schmerzen, daß ich mich bei meinem kaputten Rücken jetzt wieder bücken muß. Ich würde mich freuen, wenn Du mich unterstützt und mir helfen könntest. Ich bin dankbar, wenn Du deine Tasche an Deinen Haken hängst, ich hätte dadurch eine große Entlastung ...".

Sicher: Ich-Botschaften sind kein Allheilmittel, aber in unserem Beispiel haben sie (neben anderen begleitenden Maßnahmen) doch wesentlich dazu beigetragen, daß schon nach wenigen Wochen das Tornisterproblem nicht mehr existierte. Oliver fühlte sich nicht mehr getadelt, nicht mehr als „böse" etikettiert, sein Verhalten wurde nicht durch Du-Botschaften mit Vorwürfen beladen, es gab keinen Grund mehr, weiterhin ungehorsam und die Mutter strafend zu handeln: Oliver ist *vom Betroffenen zum Beteiligten* geworden.

Die Streßsituation wurde durch ein neues Kommunikationsverhalten beendet. Und dies ist im Zusammenhang mit der Burnout-Symptomatik entscheidend: Immer da, wo negativer Streß vermieden werden kann, vermindert sich die Anzahl der Streßsituationen, die in summa zum „Ausbrennen" führen können. Deshalb ist es gerade im Verstehens- und Verständigungsbereich so wichtig, Mißverständnisse und ungewollte Schuldzuweisungen soweit eben möglich durch die stärkere Betonung des Selbstoffenbarungsaspektes zu vermindern.

Schauen Sie sich deshalb noch einmal einige Beispiele in der folgenden Gegenüberstellung zum Vergleich von Ich- und Du-Botschaften an:

Die Ich-Botschaft ist besser	*als die Du-Botschaft*
Ich ärgere mich ...	*Du* hast mich geärgert ...
Ich möchte schneller zu einem Ergebnis kommen ...	*Sie* sollten sich mit Ihrer Arbeit mehr beeilen ...
Ich finde das nicht gut ...	Das sollte *man* nicht machen ...
Ich fühle mich nicht wohl ...	*Eure* Stimmung ist wohl nicht die beste heute abend ...
Ich empfinde dieses Vorgehen als ungerecht ...	*Sie* behandeln mich ungerecht ...
Bitte verstehe, daß *ich* nicht weimitkomme, *ich* würde mich langweilen ...	*Deine* Geschäftspartner sind langlig, da kann *man* sich nicht locker geben ...
Ich würde gerne ins andere Programm umschalten ...	Mußt *Du* denn immer Sport sehen ...
Ich hätte gerne ein Mineralwasser ...	*Ihr* könntet ruhig auch mal was Alkoholfreies anbieten ...
Ich bin wütend ...	*Du* hast mich ungeheuer verletzt ...

Bitte versuchen Sie, selbst einige Beispiele zu finden; mit ein wenig Geduld und Training wird es Ihnen gelingen, langsam und stetig die Technik der Ich-Botschaften auch in Ihre Sprache so zu integrieren, daß sie im Laufe der Zeit automatisch abläuft.

Insgesamt sollte Sie dieses Kapitel mit einigen Grundregeln vertraut machen, um auf der kommunikativen Ebene Streßsituationen zu vermindern, die durch permanente Mißverständnisse und Verständigungsprobleme entstehen.

Wo unsere Verständigung eindeutiger, unser kommunikatives Verhalten leichter und vorurteilsfreier interpretierbar wird, da sind positive Auswirkungen auf unsere Rückkoppelungen, unsere Wahrnehmung, den inneren Dialog und unseren Energiehaushalt, die als wechselwirkendes System bereits dargestellt worden sind, fast zwangsläufig.

Fassen wir deshalb diese wichtigen Grundregeln noch einmal zusammen:

1. Wahrnehmen und Kommunizieren geschieht immer vor dem Hintergrund einer subjektiven Realität.
2. Unsere Sprache findet im Kopf statt (Assoziationen, Bilder, persönliche Lebenserfahrungen ...).
3. Eindeutige Kommunikation ist eine Fiktion; es kann letztendlich nur um eine Verbesserung, eine Optimierung dieser Ebene gehen.
4. Hieraus resultiert: Je besser die Signale des Senders vom Empfänger decodiert (entschlüsselt) werden können, um so weniger Mißverständnisse und Verständigungsprobleme entstehen. Sendeabsicht und Empfangsresultat sind weitgehend deckungsgleich.
5. Möglichkeiten der Optimierung sind zum Beispiel:
   – die assoziative Welt des Gegenübers kennenlernen,
   – sein schwerpunktmäßiges „Wahrnehmungssystem" beachten,
   – körpersprachliche Signale wahrnehmen,
   – mehr Klarheit durch Betonung des Selbstoffenbarungsaspektes (Ich-Botschaften) herstellen und dadurch *den Betroffenen zum Beteiligten* eines gemeinsamen Anliegens machen,
   – eigenes Kommunikationsverhalten bewußt machen, den eigenen Wahrnehmungsschwerpunkt kennenlernen,
   – vermehrt nachfragen, ob das, was gemeint ist, auch tatsächlich so verstanden wurde,
   – grundsätzlich das Gespräch suchen und nicht davon ausgehen, der andere müsse schon wissen (spüren), um was es geht,
   – den inneren Dialog beachten.

Versuchen wir, das Burnout-Syndrom als körperlich-seelische Antwort unseres Organismus auf die Summe aller mit negativem Streß beladenen Situationen und Erfahrungen zu definieren, so wird noch einmal sichtbar, welch große Bedeutung im Vorfeld der Streßvermeidung und bei einem beginnenden Burnout dem Streßabbau zukommt.

So, wie dies in besonderem Maße für unser kommunikatives Verhalten gilt, so wird es – wie bisher – darum auch in den folgenden Kapiteln gehen, durch Ihre auf Änderung abzielende Aktivität (Mitvollzug der angebotenen Übungen, Training von Aufgaben im Alltag usw.) zu mehr innerer Ruhe und Gelassenheit zu gelangen.

Vom Umgang mit Konflikten

In den vorhergehenden Kapiteln haben wir schon viel darüber erfahren, wie Menschen „besser" und „leichter" miteinander umgehen können. Wahrnehmen, Verstehen und Verständigen wurde sicher deutlicher und greifbarer. Vielleicht fiel Ihnen auch auf, wie einfach doch alles sein *könnte*, hielten wir uns doch nur an bestimmte Regeln, an eine Art menschliches Prinzip gegenseitiger Achtung und Wertschätzung!

So sehr neu ist das ja eigentlich nicht. Nur: Was sind die Gründe, die Ursachen, warum all diese – von den meisten Menschen unumwunden bejahten – Erkenntnisse allzuoft nicht gelebt werden? Warum gibt es dennoch menschliche Zerwürfnisse, unnötige Kündigungen, Ehescheidungen, Neid und Haß, Leid und Schmerz, ja gar Zerstörung und Krieg?

Eine entscheidende Antwort liegt darin, daß wir es nicht oder nur wenig gelernt haben, mit Konflikten angemessen, früh genug und konstruktiv umzugehen, so daß rechtzeitig und für alle Konfliktparteien eine tragbare Lösung gefunden wird.

Ein „Konflikt" ist laut Duden ein „(Wider-)Streit", eine „Zwistigkeit". Eine „Zwistigkeit" wiederum ließe sich auch definieren als eine Auseinandersetzung zweier oder mehrerer gegensätzlicher „Pole", zum Beispiel unterschiedlicher Interessen, Meinungen, Absichten, Werthaltungen usw.

Hieraus ist abzuleiten: Die Auseinandersetzung mit und die Bearbeitung von Konflikten setzt eine gekonnte, geübte, gewollte und faire *Streitkultur* zwischen den Menschen voraus. Wie eine solche Streitkultur sein sollte, werden wir in diesem Kapitel darlegen. Nur soviel vorab: Durch mannigfache Erfahrungen in praktischen Konfliktfällen, sei es zwischen Ehepartnern, Erben, Freunden oder innerhalb von Gruppen oder Betrieben, haben wir schon alles erlebt, aber eines leider nur ganz selten, wenn überhaupt: die Fähigkeit einer positiven Auseinandersetzung im Sinne einer echten Kompromißbereitschaft! Offenbar fehlt uns weitgehend die Fähigkeit, „positiv zu streiten". Wir haben keine *Streitkultur!*

Ihre Einstellung zu Konflikten – ein Test zur persönlichen Standortbestimmung beim Umgang mit Konflikten:

Auf der folgenden Seite finden Sie eine Reihe von Behauptungen beziehungsweise Feststellungen, die sich mit dem Thema „Konflikt" auseinandersetzen. Bitte, beurteilen Sie aufgrund Ihrer *inneren Einstellung*, ob diese Aussagen „stimmen" oder „nicht stimmen"!

Im Anschluß an Ihre Einschätzung werden wir die einzelnen Aussagen diskutieren und praktische Tips dazu geben.

Diese Aussage:	stimmt	stimmt nicht
1. In einer guten Partnerschaft darf es keine Konflikte geben.		
2. Konflikte im Berufsleben sind immer nachteilig und arbeitserschwerend.		
3. Menschen, die miteinander Konflikte austragen, leben unglücklicher als Menschen, deren Leben konfliktfrei ist.		
4. Konflikte müssen nicht immer gelöst werden.		
5. Die Furcht vor einem Konflikt läßt häufig einen anderen, oft größeren Konflikt entstehen.		
6. Kompromisse zu schließen bedeutet meist, einer Entscheidung feige aus dem Wege zu gehen.		
7. Wenn zwei Menschen längerfristig miteinander arbeiten und kommunizieren, kommt es in erster Linie darauf an, daß sie ihre Probleme auf rein sachlicher Ebene verstandesmäßig lösen. Ob sie sich dabei mögen oder nicht, ist völlig unerheblich.		
8. Viele Leute haben Angst vor Konflikten, weil damit unangenehme Gefühle verbunden sind.		
9. Für den Menschen ist es im Leben meist nicht von Vorteil, die eigenen Gefühle, Wünsche und Befürchtungen zu äußern.		
10. Gefühle eines Menschen lassen sich nicht bewerten; es gibt keine „richtigen" oder „falschen" Gefühle.		
11. Wenn ein Konflikt zwischen zwei Menschen ausgetragen wird, gibt es letztlich doch immer einen „Gewinner" und einen „Verlierer".		

Wie schätzen Sie Konflikte ein?

Auswertung und Kommentar zu Ihrem Selbsttest:

Sie haben sich zu den einzelnen Aussagen entschieden? „Stimmen sie" nun Ihrer Meinung nach, oder „stimmen sie nicht"?

Bei der Suche nach Ihrer Antwort werden Sie vermutlich eine gewisse Ambivalenz und gegenteilige Gefühle verspürt haben. Ist Ihnen dabei möglicherweise die „innere" Unterscheidung von einerseits: „So sollte es eigentlich sein" und andererseits von: „So stellt es sich in meiner Lebenserfahrung dar" aufgefallen? Haben Sie eventuell auch einmal oder mehrmals ein Kreuz genau in die Mitte von „stimmt" und „stimmt nicht" gesetzt?

Lassen Sie uns die einzelnen Aussagen einmal näher beleuchten und die ideale, anzustrebende „Lösung" diskutieren. Versuchen Sie dabei stets, Ihre eigenen Lebenssituationen zu reflektieren und den dabei erlebten Gefühlen „nachzuspüren":

1. In einer guten Partnerschaft darf es keine Konflikte geben.

Diese Aussage „stimmt *nicht*"!

Begründung: Stellen Sie sich eine Partnerschaft vor, in der *nur und immer* absolute Harmonie herrscht, in der immer beide Partner gleicher Meinung sind, immer die gleichen Interessen haben und nie Dissens auftritt! Ein Ehepaar, das von sich behaupten würde: „Wir haben nie Probleme, nie Konflikte miteinander!" Können Sie das glauben?

Es ist nicht nur unglaublich, sondern *unmöglich*, es sei denn, diese Partner haben einen wesentlichen, alles überdeckenden Konflikt: Sie haben sich nichts mehr zu sagen, und sie leben jeder für sich ihr eigenes, vom anderen abgekoppeltes Leben! Dieser Konflikt wäre dann allerdings auch ein „größerer Brocken", der zu einer Trennung führen könnte.

In einer guten Partnerschaft wird es – wie in *jeder* Partnerschaft – Konflikte geben, wenn sich die Partner ernst nehmen und sich (noch) etwas zu sagen haben. Das Gegenteil wäre Stumpfheit, Schweigen und Desinteresse, unter Umständenn gar Zerwürfnis. Natürlich kommt es entscheidend darauf an, *wie* die Partner ihre Konflikte angehen und zu lösen versuchen. Aber danach ist hier zunächst noch nicht gefragt. Auf das Wie werden wir später näher eingehen.

Und wissen Sie, was die schlimmsten Konflikte bei Partnern sind? Die schwelenden, unausgesprochenen, und doch für den einen oder anderen oder für beide spür- und fühlbaren Konflikte: die Gründe, warum ein Partner fremdgeht, in die Kneipe flieht, sich regelmäßig betäubt oder die situationsgerechte Migräne bekommt.

2. Konflikte im Berufsleben sind immer nachteilig und arbeitserschwerend

Diese Aussage „stimmt *nicht*"!

Begründung: So schön es (in diesem Falle) klingen mag: Die meisten Erfindungen wurden in Kriegszeiten – also in Zeiten massivster Konflikte – vollbracht. Die Menschen verbringen in existenziellen Konfliktsituationen wahre Wunder! Bezogen auf das Berufsleben bedeutet dies, daß Konflikte gerade dazu dienen können und dienen werden, innovative Prozesse einzuleiten, um aus einer Misere herauszukommen, neue Märkte zu erschließen, Dinge anders, besser zu machen, zu rationalisieren, Hierarchien zu straffen, Produktionsvorgänge zu optimieren und unzählige Dinge mehr.

Die Tücke der obigen Aussage liegt jedoch in dem Wörtchen „*immer*". Denn – zugegeben und leider – gibt es im Berufsleben tatsächlich meist eine Unzahl vorhandener, manchmal erkannter, ja, manchmal gar gewollter Konflikte, die durchaus nachteilig sein können und es meist auch sind. Stellen Sie sich einmal das riesige Potential schlummernder Energiereserven vor, die freigesetzt werden könnten, hätten die Menschen nur gelernt, Konflikte anzugehen und sie zu lösen und, anstatt sie zu verdrängen, zu vertagen oder zu ignorieren.

In einer Arbeits-Leistungsuntersuchung in einem großen Handelskonzern haben wir festgestellt, daß in den oberen und mittleren Managementebenen die Menschen bis zu 60 Prozent ihrer Arbeitszeit mit „Absicherungsverhalten" verbringen. Und dies in den meisten Fällen, weil eine Vielzahl von Konflikten, zum Beispiel die Angst vor dem Verlust des Arbeitsplatzes oder Machtinteressen, „schwelen" und nicht angesprochen, geschweige denn gelöst werden, obwohl vielen oder gar den meisten Menschen die Konflikte bekannt sind. Hören Sie einmal den Menschen zu, die abends am Biertresen über ihre Firma sprechen: Dort sind die Konflikte „auf dem Tisch", ohne Tünche und Beschönigung!

Noch einmal zu unserer Grundaussage: Konflikte im Berufsleben sind keinesfalls *immer* nachteilig und arbeitserschwerend, sie sind vielmehr ungeheuer produktiv, innovativ und positiv verändernd, wenn sie nur „angegangen" und so gut wie möglich bereinigt werden!

Vielleicht sprechen Sie über dieses Thema einmal in Ihrem beruflichen Umfeld – es ist ungeheuer wertvoll und bringt ein Unternehmen „nach vorne", wenn es jeder mitlebt.

3. Menschen, die miteinander Konflikte austragen, leben unglücklicher als Menschen, deren Leben konfliktfrei ist.

Diese Aussage „stimmt *nicht*"!

Begründung: Diese Aussage stellt in sich ja schon einen Widerspruch dar (siehe auch Aussage 1). Es gibt kein konfliktfreies Leben. Menschen, die miteinander Konflikte austragen (hier als „austragen" im positiven Sinne gemeint), die es also gelernt haben, sich mit ihren unterschiedlichen „Polungen" auseinanderzusetzen und nach Lösungen zu suchen, die sich weitgehend akzeptieren (also echte Kompromisse schließen), werden ein um ein Vielfaches glücklicheres Leben führen als Menschen, die ihre Konflikte verdrängen und sich nicht trauen, diese auszusprechen. Solche Menschen werden ihre Konflikte vermutlich nie wirklich lösen, und sie kommen bestenfalls zu einem „faulen Kompromiß".

Ein Fallbeispiel:

Herr M. ist Nicht-Trinker, er mag keinen Alkohol. Schon der Geruch von alkoholischen Getränken, besonders Schnaps, widert ihn an. Frau M. trinkt abends gerne ein paar Gläser Bier, und hier und da kommt auch einmal ein Wachholder dazu. Obwohl ihr Mann das toleriert (denn sie trinkt in Maßen), weiß Frau M. nicht, was der eigentliche Grund ist, daß ihr Mann meist viel später zu Bett geht als sie – meist erst, wenn sie schon schläft. Es kommt auch sehr selten zu intimen Kontakten.

Dieser Zustand dauert mittlerweile schon mehr als drei Jahre an. Frau M. befürchtet, ihr Mann interessiere sich nicht mehr für sie, und Herr M. hat ein schlechtes Gewissen seiner Frau gegenüber.

Soweit die Schilderung der Situation. Es liegt ein nicht wenig gravierender Konflikt vor, der bei noch längerem „Schwelen" zu massiven Konsequenzen führen könnte (zum Beispiel Fremdgehen, zwei Schlafzimmer, schlimmstenfalls eine – hier unnötige – Trennung).

Was aber ist tatsächlich beim Ehepaar M. passiert? Frau M. kennt die wirkliche *Ursache* des Konfliktes nicht. Sie vermutet, daß ihr Mann sie nicht mehr liebt, vielleicht denkt sie sogar, er habe eine andere Frau. Und sie grübelt vor sich hin, ohne ihre Empfindungen anzusprechen.

Herr M. weiß, warum *er* den intimen Kontakt meidet (er kann die Fahne seiner Frau nicht ertragen), und auch er fühlt sich nicht wohl (er hat ein schlechtes Gewissen). So grübelt auch er vor sich hin, ohne seine Empfindungen anzusprechen.

Das Ehepaar M. kam – auch wegen anderer ungelöster Probleme – zur Partnerberatung. Dort, mit Hilfe eines neutralen Beraters, kamen die *Gründe*, die *Ursachen* für diesen Konflikt schnell auf den Tisch. Was das oben geschilderte Problem anging, fiel Frau M. aus allen Wolken, als ihr Mann ihren Alkoholkonsum als den Grund seiner „Flucht" schilderte. Ihre – bei Konfliktklärungen oft so typische – Reaktion hierauf war: „Das ist der Grund?! Ja, warum hast Du mir das denn nie gesagt? Und ich dachte schon, Du hättest kein Interesse mehr an mir, und Du hättest eine andere!" Und als Lösung bot sie spontan an: „Ich werde natürlich abends auf Bier und Schnaps verzichten, zumindest seltener trinken – und schon gar keinen Schnaps mehr!"

Wenn Menschen also Konflikte miteinander austragen, ist sehr häufig zu beobachten, daß die Konfliktpartner oft die *Gründe* des anderen, also die *Konfliktursache* gar nicht kennen. Liegt aber die eigentliche *Ursache* des Konfliktes „auf dem Tisch", sind meist auch schon Lösungen sichtbar!

Vielleicht versuchen Sie einmal, Ihre Konflikte, sofern zur Zeit vorhanden, aufzuschreiben und sich die Frage zu stellen: Was sind die (wirklichen, eigentlichen) *Ursachen* dieser Konflikte. Und: Inwieweit sind die Ursachen mir und/oder meinem Konfliktpartner überhaupt bekannt? Sie werden sehen, daß Sie mit dieser Fragestellung, wenn Sie die Ursachen des Konfliktes auch wirklich ehrlich benennen, einer Lösung schon sehr nahekommen!

> Aus der „Rheinischen Post" vom 5. März 1994:
>
> **40 Jahre Ehekrieg**
>
> Augsburg (dpa.). Nach 40 Jahren „Ehekrieg" hat ein 73jähriger Rentner seine neun Jahre jüngere Ehefrau getötet. Das Landgericht Augsburg verurteilte ihn gestern wegen Körperverletzung mit Todesfolge zu drei Jahren Haft. Nach Schilderung des Angeklagten lebte das Ehepaar im eigenen Haus wie auf einer Baustelle. 30 Jahre lang fehlte ein Treppengeländer. Das Bad blieb halbfertig, weil sich die Eheleute nicht über die Art der Ausführung hatten einigen können. Weil man sich gegenseitig mißtraute, sicherte der Rentner sein eigenes Zimmer und seinen teuren Personenwagen mit einem Spezialschloß. Seine Ehefrau revanchierte sich, indem sie 50 000 Mark vom gemeinsamen Konto abhob und sich ein eigenes Auto kaufte. Einen Tag, nachdem das Ehepaar einen Scheidungsanwalt aufgesucht hatte, geschah die Bluttat: Beim Frühstück gab's wieder Streit, es kam zu einer Rauferei, bei der die Frau stürzte und einen Schädelbruch erlitt.

4. Konflikte müssen nicht immer gelöst werden.

Diese Aussage *„stimmt"*!

Begründung: Es gibt im Leben immer Kompromisse. Und es gibt immer „zwei Seiten der Medaille": So hat beispielsweise auch der schönste Beruf immer gleichzeitig seine Schattenseiten, wie ungünstige Arbeitszeiten, der morgendliche Verkehrsstau, das viel zu frühe Klingeln des Weckers, (zu) viele Reisen und vieles mehr. Das bedeutet, daß wir in der Tat *immer* und zu jeder Zeit mit Konflikten leben.

Entscheidend aber ist es für uns, inwieweit wir die Existenz dieser oft nicht vermeidbaren Konflikte *akzeptieren* können, und ob unsere „Lebensbilanz" insgesamt zur positiven Seite hin tendiert. Für unser Leben gibt es – etwas plakativ gesagt – vier Einstellungs- und, daraus abgeleitet, Handlungsalternativen:

Alternative 1: „Love it!"

Diese Einstellung: „Liebe es, wie es ist!" ist zweifelsfrei die glücklichste. Sie bedeutet, daß ich mit meiner „Lebensbilanz" absolut glücklich, zufrieden und selbsterfüllt bin. Ich kann es mir nicht besser, schöner, befriedigender vorstellen, als es zur Zeit ist. In diesem „Lebenstraum" gibt es kaum einen Handlungsbedarf, Dinge zu verändern: Ich bin mit dem, wie es ist, rundherum zufrieden.

Alternative 2: „Change it!"

Hier besteht Handlungsbedarf: Ich habe erkannt, daß ich mit verschiedenen Dingen in meinem Leben, meinem Beruf, meiner Partnerschaft usw. nicht einverstanden bin, daß mich mein Verhalten oder das Verhalten anderer stört, mir Gewohnheiten mißfallen oder ähnliches. Die Devise sollte hier lauten: „Verändere es so gut und so weit, wie es in Deiner Kraft steht, und wie Du es beeinflussen kannst!" (Erinnern Sie sich noch an den Leitsatz im Kapitel „Von Eustreß und Distreß".

Hier ist Konfliktfähigkeit vonnöten, mitunter Mut und Stehvermögen; oft sind unbequeme Wege zu beschreiten, ja, manchmal auch endgültige Konsequenzen zu ziehen. Leider ist allzu häufig zu beobachten, daß Menschen unfähig, mutlos, wie „gelähmt" sind, Situationen zu verändern, die dringend zu verändern wären. Als Beispiel hierzu sei angeführt, wie viele Kündigungen in Betrieben von oft sehr guten Mitarbeitern ausgesprochen werden, *ohne* daß sie zuvor auch nur den Versuch einer grundsätzlichen Änderung (zum Beispiel durch ein offenes Gespräch) unternommen hätten. Dieses „Konflikt-Vermeidungsverhalten" ist eines der größten Probleme unserer Gesellschaft.

Alternative 3: „Leave it!"

Diese Handlungsalternative ist die letzte Konsequenz einer Konflikt-Lösungsstrategie: „Ich verlasse dieses Spielfeld", könnte man etwas lapidar sagen. Eine solche meist konsequenzenreiche und einschneidende Entscheidung, zum Beispiel das Unternehmen zu verlassen, die Ehe zu beenden oder aus der Gesellschaft „auszusteigen", ist durchaus legitim und zu akzeptieren – unter der Voraussetzung, daß wir zuvor zumindestens *versucht* haben, die Dinge nach Strategie 2 zu beeinflussen und zu verändern. Leider passiert das unserer Ansicht nach zu selten, und die „Flinte" wird oft zu früh und überhastet „ins Korn geworfen".

Alternative 4: „Take it!"

Mit dieser Handlungsalternative sind wir wieder bei der Auseinandersetzung mit unserer Grundaussage: „Konflikte müssen nicht immer gelöst werden." Es wird immer Konflikte geben, die wir im Sinne eines „annehmbaren Kompromisses" akzeptieren müssen, um mit ihnen trotzdem zufrieden leben zu können. Denken Sie hierbei noch einmal an das im Kapitel „Von Eustreß und Distreß" erwähnte Beispiel Verkehrsstau: Keine der Alternativen von 1 bis 3 ist möglich. Ich kann den Stau nicht lieben, ich kann die Situation im Moment nicht ändern, und ich kann auch nicht aus der Situation fliehen. Aber ich kann den Autostau hinnehmen, die Situation als gegeben annehmen, sie akzeptieren, ohne mich dabei unter Druck zu fühlen und gestreßt zu sein.

Überdenken Sie doch einmal, welche Konflikte in Ihrem Leben existieren und durch welche Alternative sie gelöst werden könnten. Sie werden vermutlich feststellen, daß einige Konfliktfelder unter die Alternative 4 („Take it!") fallen und damit in ihrer Wertigkeit relativiert werden können.

5. Die Furcht vor einem Konflikt läßt häufig einen anderen, oft größeren Konflikt entstehen.

Diese Aussage *„stimmt"*!

Begründung: Wenn ein Mensch Scheu oder gar Angst vor dem Angehen eines Konfliktes verspürt, also – wie schon zuvor erwähnt – ein „Konflikt-Vermeidungsverhalten" praktiziert wird, so kann dies durchaus zu schwerwiegenderen Konflikten führen. Erinnern Sie sich noch an unser Fallbeispiel des Ehepaares M.? Auch hier lag ein Konflikt vor (das abendliche Trinken der Ehefrau), der nicht angesprochen wurde, und woraus sich dann schließlich ein wesentlich größerer Konflikt ergab, der beinahe zu einer Trennung geführt hätte. Ein weiteres Beispiel aus der Praxis:

Frau K. war als Sekretärin in der Probezeit bei einem mittelgroßen Unternehmen beschäftigt. Bei einem unserer Besuche bemerkten wir, daß Frau K. in einem kleineren, separaten Raum saß, statt – wie bisher – mit im Chefzimmer. Auf unsere Frage nach dem Grund, sagte der Chef: „Es ist mir ausgesprochen unangenehm, aber die Frau riecht derart nach Schweiß, daß ich das nicht aushalte! Fachlich ist sie prima!" Was denn sein Vorschlag zur Lösung dieses Konfliktes sei, wollten wir wissen, und zur Antwort bekamen wir: „Sie ist ja noch in der Probezeit!" Hier wieder ein typischer Fall von Konfliktscheu. Die Mitarbeiterin war fachlich prima, und sie wirkte keineswegs ungepflegt. Einer von uns sprach dann auch mit ihr und benannte schließlich einfühlsam das Problem. Natürlich ist das nicht einfach, gerade wenn es um sehr intime, leicht zur Kränkung eines Menschen führende Konfliktursachen geht. Frau K. war jedoch nach anfänglicher Betroffenheit dankbar, daß sie (zum ersten Mal in ihrem Leben!) erfuhr, was die Ursachen all jener ihr jetzt erklärbaren Reaktionen von Menschen waren, die ihr Leben und ihre Arbeit so unerklärlich schwierig machten (sie hatte ihre Stellen in den Unternehmen meist nur kurze Zeit).

Da es nicht an mangelnder Hygiene lag, entschloß sich Frau K., zu einem Arzt zu gehen. Spezielle Drüsenfunktionen waren gestört, und durch eine Therapie war das Problem rasch gelöst.

Bitte beantworten Sie sich hier und jetzt die folgenden, für Ihr Leben so wichtigen Fragen:

– „Welche Konflikte sehe ich in meinem Leben, die ich zwar de facto kenne und benennen kann, zu deren Lösung ich mich aber bisher (noch) nicht entschließen konnte?"

– „Was wird wohl (langfristig) sein, wenn ich den Konflikt/die Konflikte *nicht* löse?"

– „Wie wird es sein, wenn dieser Konflikt nicht (mehr) besteht; wie werde ich mich dann fühlen?"

– Und: *„Was* werde ich tun? – *Wie* werde ich vorgehen, um den/die Konflikt/e anzugehen?"

In der amerikanischen Sprache gibt es eine sehr zutreffende und faszinierende Bezeichnung für das hier geschilderte menschliche Verhalten: Es wird das *Unfinished Business-Phänomen* genannt, frei übersetzt „die unerledigten Dinge des Lebens". Wir behaupten, daß dieses Phänomen eines der größten Ursachen für Distreß beim Menschen bedeutet: Tief im Inneren weiß der Mensch um „die zu erledigenden Dinge seines Lebens", wie beispielsweise die unerledigte Steuererklärung, das so notwendige Gespräch mit seinem Partner, ein recht unangenehmes Telefonat usw.

Nur: Wir „erledigten" diese Dinge nicht, schieben sie vor uns her und weichen ihnen aus. Viele wesentlich gravierendere Konflikte können daraus entstehen. Und das Wissen um die „unerledigten Dinge des Lebens" belastet uns ungeheuer, oftmals im Unterbewußten, derart stark, daß ein erheblicher Distreß-Zustand die Folge ist.

Wenn Sie die oben aufgeführten Fragen für sich ehrlich und konsequent beantworten, haben Sie schon viel erreicht. Des weiteren möchten wir Ihnen hierzu einen sehr wertvollen Tip mit auf den Weg geben:

Erledigen Sie die erkannten „unerledigten Dinge Ihres Lebens" sofort und als allererstes vor allen anderen Aktivitäten! Sollten Sie zum Beispiel ein unangenehmes Gespräch mit einem Menschen zu führen haben, so führen Sie es gleich jetzt oder direkt zu Beginn des morgigen Tages. Sie werden drei Dinge feststellen können:

1. Sie werden sehen, daß es „halb so wild" war und viel leichter, besser, unkomplizierter verlief, als Sie vorher dachten.
2. Sie werden sich fragen, warum Sie diesen Konflikt überhaupt so lange und belastend „mit sich herumgeschleppt" haben.
3. Sie werden den Rest des Tages befreit, zufriedener und damit auch produktiver gestalten können.

6. Kompromisse zu schließen bedeutet meist, einer Entscheidung feige aus dem Weg zu gehen.

Diese Aussage *„stimmt nicht"*!

Begründung: Unser Leben besteht nun einmal aus Kompromissen, man hat nicht immer nur „die beste Seite der Medaille". So weist nahezu jeder Beruf, jede Tätigkeit – auch wenn darin das meiste hoffentlich positiv ist – immer auch Kompromisse auf (zum Beispiel die lange Arbeitszeit, das frühe Aufstehen). Es ist also durchaus nicht „feige", Kompromisse zu schließen, weil sie meist notwendiger Bestandteil einer Lebenssituation sind. Entscheidend dabei aber ist, ob ich die eingegangenen Kompromisse akzeptieren („Take it!"), mit ihnen ohne schlechtes Gefühl leben kann, sie quasi aufgrund einer insgesamt positiven „Bilanz" hinnehme. Es sollten daher *faire, annehmbare* Kompromisse sein – und keine *faulen*. Und über diese faulen Kompromisse sollten wir noch ein wenig nachdenken.

Noch immer – und leider – werden in Unternehmen, Familien und sonstigen Lebensbereichen tatsächlich faule Kompromisse eingegangen. Der Chef sagt in einer Konfliktsituation: „Wenn Ihnen das nicht paßt, können Sie ja gehen!" Der Ehemann sagt zu seiner Frau: „Solange ich hier das Geld nach Hause bringe, wird getan, was ich will!" Der Vater sagt zu seinem

Sohn: „Solange Du die Füße unter meinen Tisch stellst, hast Du zu tun, was ich von Dir verlange!" Sehen Sie hier Parallelen zu Ihrem Lebensumfeld?

Nun, bei einer Konflikt-„Lösung" der oben geschilderten Art handelt es sich klar erkennbar um faule Kompromisse, wenn eine der beiden Parteien notgedrungen darauf eingeht. Erfahrungsgemäß führt aber ein so eingegangener, fauler Kompromiß über kurz oder lang zu einem größeren Konflikt, beispielsweise zu einem kompletten Bruch.

Faule Kompromisse beruhen meist auf Machtspielen, auf Abhängigkeit einer Partei, auf Nötigung, ja gar Erpressung. Solche Lösungsstrategien können wir auch ein „Sieg-Niederlage-Modell" nennen, bei dem es um Kampf und Konfrontation geht („Entweder Sie ... oder ...!"). Ob das Annehmen solcher fauler Kompromisse feige ist, sei dahingestellt. Mitunter bleibt der unterlegenen Konflikt-Partei (momentan) keine andere Wahl.

Prüfen Sie selbst, welche Kompromisse Sie in Ihrem Leben derzeit eingegangen sind, und fragen Sie sich, welche dieser Kompromisse für Sie akzeptabel sind – und welche nicht. Können Sie in den Fällen nicht akzeptierter Kompromisse Handlungs- und Entscheidungsalternativen finden? Und wenn ja, fragen Sie sich gleichzeitig, welche möglichen Folgen eine grundsätzliche Änderung dieser Kompromisse für Sie und Ihr Leben bedeuten könnte, welches wirkliche Risiko Sie eingehen würden. Und wenn Sie sich über diese Fragen Klarheit verschafft haben, entscheiden Sie das für Sie „Richtige" mit der angemessenen Portion Mut!

7. **Wenn zwei Menschen längerfristig miteinander arbeiten und kommunizieren, kommt es in erster Linie darauf an, daß sie ihre Probleme auf rein sachlicher Ebene verstandesmäßig lösen. Ob sie sich dabei mögen oder nicht, ist völlig unerheblich.**

Diese Aussage *„stimmt nicht"*!

Begründung: Auf den ersten Blick mag die Aussage als zutreffend erscheinen – und gerade hierin liegt der so eklatante Irrtum in unserer Gesellschaft! Wir *glauben*, alles sachlich, emotionslos, schnell und rational miteinander erledigen zu müssen, weil wir es normalerweise (leider), besonders in der Arbeitswelt, auch so erleben. Gefühle haben „da nichts zu suchen", Aufgaben, Probleme und Prozesse werden auf die „Sache" reduziert. Der Mensch mit all seinen Emotionen „bleibt auf der Strecke".

Übersehen wird hierbei, daß der Mensch in seinem inneren Dialog für oder gegen etwas mit ca. 75 Prozent Emotion und nur mit ca. 25 Prozent Ratio entscheidet.

Erinnern Sie sich bitte noch einmal an das Kapitel „Wahrnehmen, Verstehen und Verständigen". Schon dort wurde ausführlich über die immense Bedeutung der Beziehungsebene im Umgang miteinander berichtet.

Wenn zwei Menschen *längerfristig* miteinander arbeiten und kommunizieren, kommt es in der Tat in *erster Linie* darauf an, ob sie sich mögen, eine gute Beziehungsebene aufgebaut haben, um ihre Probleme und Aufgaben miteinander zu lösen! Der rein sachliche, emotionslose Umgang damit reicht bestenfalls dazu aus, neue Kontrollformen zu suchen, Entscheidungen zu verschieben oder lieber nicht zu treffen, Absicherungsverhalten zu praktizieren oder – im schlimmsten Fall – Machtspiele und Konkurrenzkämpfe zu initiieren!

Wir haben immer wieder die Erfahrung gemacht, daß die *meisten* Konflikte in Unternehmen – wie auch bei Partnern und in Familien – aufgrund nicht geklärter und nicht an- und ausgesprochener Beziehungsprobleme, also emotionaler Befindlichkeiten, vorzufinden sind. Denken Sie einmal über die Ihnen bekannten Kündigungen oder Zerwürfnisse zwischen Menschen nach: War es tatsächlich die „Sache", die zu einem solch endgültigen Schritt führte, oder war es vorwiegend die „Beziehungsstruktur", die ausschlaggebend war?

Bei einer wirklichen Konfliktlösung ist es sehr wichtig, zwischen dem Konflikt-*Gegenstand* und der (eigentlichen) Konflikt-*Ursache* zu unterscheiden. Wenn beispielsweise in einem Unternehmen über einen Konflikt gesprochen wird, werden Sie feststellen, daß meist nur über den Konflikt-Gegenstand und fast nie über die wirklichen Ursachen, die zu diesem Konflikt geführt haben, diskutiert wird. Die *wirkliche Lösung* wird damit verdrängt und unmöglich gemacht – sofern es sich nicht ausnahmsweise tatsächlich nur um ein reines Sachproblem handelt.

Ein Beispiel – vielfach in der Praxis zu erleben – soll diese Behauptung verdeutlichen: In einem Gesprächskreis geht es um die nicht gehaltene Termine, um zu geringe Gewinne oder sonstige Zahlen, vielleicht um Reklamationen, Lieferschwierigkeiten und ähnliches. Es wird stundenlang diskutiert, oft werden „Schuldige" oder sachliche (!) Gründe gesucht. Man bemüht sich um Vorschläge zur Sache (!), man entwickelt, sofern möglich, Aktionen und Maßnahmen und verteilt – hoffentlich wenigstens das – Aufgaben zur möglichst schnellen Änderung der Sachlage (!).

In einigen Fällen mag sich ja tatsächlich etwas zum Positiven hin verändern, in den meisten Fällen aber bleibt der überwiegende Teil ungelöst oder wird auf das nächste Meeting verschoben. Woran liegt das? Die Teilnehmer haben häufig nicht den Mut, die eigentlichen *Ursachen* der Konfliktfelder anzusprechen, zum Beispiel arrogantes Auftreten von Kolleginnen oder Kollegen, Entscheidungsängste und Kompetenzgerangel, Angst um den Arbeitsplatz und/oder die Funktion, schlechtes Klima, zu wenig Bereitschaft zur Mithilfe, fehlende Unterstützung durch andere, Überlastung, Einsamkeit, das autoritäre Verhalten vom Chef und anderer Personen, und vieles derlei mehr.

Das bedeutet in unserem Beispiel: Die wirklichen, schwelenden Konflikte – nämlich die auf der *Beziehungsebene* der beteiligten Menschen – wurden, aus welchen Gründen auch immer, nicht oder allenfalls nur unterschwellig angesprochen. Der eigentliche „Frust" bleibt. Kennen Sie solche Situationen?

Der Lerneffekt hieraus kann also nur lauten: Versuchen Sie bei Konflikten ganz bewußt den *Beziehungsaspekt, die Konfliktursache* anzusprechen. Wie erfreulich wäre es doch, dies geschähe in solchen wie oben beschriebenen Meetings und überhaupt in Gemeinschaften, damit endlich wirklich Veränderungen in Gang gesetzt werden und menschliche Zufriedenheit und Wohlbefinden ohne Angst möglich werden.

Wenn Sie die Beziehungsstrukturen zwischen Menschen ansprechen, ist es von größter Bedeutung, dies äußerst behutsam und sensibel zu tun, weil ansonsten damit allzuleicht Verletzung und Kränkung einhergehen. Sicherlich ist auch dies ein Grund, warum Menschen sich mit der bewußten Auseinandersetzung bei ihrer Beziehungsebene so schwer tun. Denken Sie bei Ihren Formulierungen hierbei an positive Ausdrucksformen, wie sie beispielsweise in den „Ich-Botschaften" zu finden sind. Vermeiden Sie in jedem Falle persönliche Angriffe und unbedachte Beschimpfungen! Sie würden den anderen nicht nur verletzen, sondern es ihm auch geradezu unmöglich machen, darauf positiv und kritikfähig zu reagieren. Sprechen Sie vielmehr von Ihren Empfindungen, Beobachtungen, Einschätzungen und Gefühlen („Ich fühle mich momentan recht unwohl ..."; „Mich hat daran sehr gestört, daß ..."; „Ich empfinde dieses Verhalten/diese Situation/diese Vorgehensweise als ..."; „Sie wirken auf mich manchmal ..."; „Sie machen auf mich einen ... Eindruck ..." usw.)

Zusammenfassend noch einige Anmerkungen zu „Wahrnehmen, Verstehen und Verständigen":

Wahrnehmen heißt bei solchen Konfliktsituationen und -prozessen: das Erkennen und Spüren der *tatsächlichen Konflikt-Ursachen*! Wahrnehmen setzt eine „gute Antenne" für die Situation voraus, ein klares Denken und autonomes Fühlen, in vielen Fällen gar analytische Fähigkeiten, die – zugegebenermaßen – nicht jedem Menschen in der notwendigen Sensibilität oder – ohne Wertung – von seiner Ausbildung her gegeben sind. Wahrnehmen bedeutet also in hohem Maße *objektive Gegenwartsklarheit* ohne eigene, immer subjektiv „gefärbte" Betroffenheit und Interpretation. Dies ist bei Konfliktlösungen häufig wahnsinnig schwer und der Grund, warum vielfach neutrale Moderatoren, Schlichter oder Therapeuten hinzugezogen werden müssen.

Verstehen bedeutet die Fähigkeit, Zusammenhänge zu erkennen, Einzelaspekte aus Vergangenheit, Gegenwart und Zukunft in ein Ganzes zu bringen und die wesentlichen Ursachen und Tatsachen erkennen und benennen zu können, die den *eigentlichen* Konflikt ausmachen. Verstehen bedeutet aber auch und insbesondere *Einfühlungsvermögen* (Empathie) in den anderen Menschen, das Erspüren seiner Beweggründe, seiner individuellen Motivation, die sein Denken, Fühlen und Handeln ausmachen und sein Verhalten *begründen*! Tatsache ist: *Es gibt nahezu kein menschliches Verhalten ohne Ursache oder Grund!*

Versuchen Sie immer zu verstehen, warum ein Mensch sich *so* und nicht *anders* verhält!

Verständigen bedeutet dann schließlich: aufeinander zuzugehen, Kompromißbereitschaft zu praktizieren, aus dem Verstehen der Situation, der eigenen und der Bedürfnisse des anderen heraus eine Lösung zu finden, die von allen Konfliktpartnern akzeptiert und getragen werden kann. Verständigen bedeutet also *Konsens*, gegenseitige Akzeptanz der gefundenen Lösung oder Vereinbarung in einer guten und förderlichen Beziehungsstruktur!

Dies ist ein sehr hoher Anspruch an zwischenmenschliches Verhalten – werden Sie ihn erfüllen?

8. Viele Leute haben Angst vor Konflikten, weil damit unangenehme Gefühle verbunden sind.

Diese Aussage *„stimmt"*!

Begründung: Schon unter Punkt 5 („Die Furcht vor einem Konflikt läßt häufig einen anderen, oft größeren Konflikt entstehen") wurde die innere Hemmschwelle erwähnt, die Menschen daran hindert, einen Konflikt anzusprechen. Diese Hemmschwelle tut sich dann natürlich besonders auf, wenn Konfliktfelder persönlicher Natur sind, wenn sie intime, sensible Dinge der eigenen Person oder anderer Menschen betreffen. Natürlich ist es dann nicht immer angenehm, solche Konflikte offen zu benennen, und die eigenen Gefühle sind davon unangenehm berührt.

Wie schwierig ist es, die eigenen Bedürfnisse – besonders die intimen – offen zu artikulieren! Wie unangenehm ist es, einem anderen Menschen beispielsweise zu sagen, daß er Mundgeruch hat oder nach Schweiß riecht! Wie groß ist die Hemmschwelle, dem Lebenspartner offen mitzuteilen, was einen an ihm/ihr im Bett stört. Diese Beispiele stehen hier nur stellvertretend für eine Unzahl von Lebenssituationen, in denen wir uns in der Tat sehr schwer tun, Konflikte offen anzusprechen, weil es eben unangenehm ist.

Das Entscheidende dabei ist aber, daß uns diese Art von Konflikten bewußt sind und stören. Diese sogenannten „schwelenden", latenten Konflikte, deren Vorhandensein wir spüren und erleben, sind – wenn sie nicht angesprochen und gelöst werden – langfristig gesehen ausgesprochen gefährlich für die Beziehung zwischen Menschen. Sie sind unter anderem Ursachen für Flucht- und Vermeidungsverhalten (zum Beispiel Fremdgehen, Ausweichen, Rückzug, Kündigung, Scheidung).

Ein weiterer Aspekt dabei ist, daß die Ansprache des Konfliktes dem anderen Menschen und auch uns in der Regel grundsätzlich *helfen* würde, denn dem anderen sind seine Wirkung und Verhaltensweisen meist völlig unbewußt; wie soll er etwas ändern, was er nicht wahrnimmt?

Überwinden Sie also das unangenehme Gefühl bei der Ansprache von Konflikten, denn gerade die Lösung intimer Konflikte ist für alle Beteiligten von immenser, oft lebenswichtiger Hilfe.

9. Für den Menschen ist es im Leben meist nicht von Vorteil, die eigenen Gefühle, Wünsche und Befürchtungen zu äußern.

Diese Aussage „*stimmt nicht*"!

Begründung: Wir haben bereits gesehen, wie wichtig, aber auch mitunter schwierig es ist, Gefühle, Wünsche und Befürchtungen offen und ohne andere zu verletzen anzusprechen. Haben Sie bei der Beantwortung der obigen Aussage eine gewisse Ambivalenz zwischen Ihrer Lebenserfahrung und einem Sollzustand menschlichen Zusammenlebens verspürt? Vielleicht haben Sie in Ihrem Leben schon manchmal erlebt, daß das Äußern Ihrer Gefühle, Wünsche oder Befürchtungen eben nicht unbedingt positiv war, weil – und dies kann leider auch der Fall sein – Ihre Offenheit von anderen belächelt, als Schwäche angesehen oder gar ausgenutzt wurde. Und wenn dies einem Menschen mehrfach im Leben passiert, „macht er natürlich wieder zu", das heißt, er wird seine Gefühle nicht mehr äußern, sondern sie hinter einer „Fassade" verbergen!

Und mit dem Stichwort „Fassade" sind wir wieder mitten in der Arbeitspraxis: Überdenken Sie einmal das Verhalten von Kolleginnen und Kollegen, von Mitarbeitern und Chefs. Ist es denn nicht gerade das „Fassaden-Verhalten" vieler Menschen, das unser (Arbeits-)Leben so unnötig erschwert, Konflikte oft unlösbar erscheinen läßt und zwischenmenschliches Verhalten so kalt und vorwiegend sachorientiert prägt?

Ein Beispiel:

Einem „erfolgreichen" Manager werden heute immer noch – relativ unreflektiert – Verhaltensattribute zugedacht, wie beispielsweise jung, dynamisch, belastbar und durchsetzungsstark! Lesen Sie hierzu einmal bewußt Stellenangebote. Nur selten findet man Begriffe wie kooperationsbereit, menschlich orientiert, kommunikations- und informationsfreudig, tolerant, offen und sozial engagiert.

Das bedeutet, daß Menschen, die in ihrem Beruf „erfolgreich" im Sinne von Karriere sein wollen, häufig genau die Verhaltensweisen praktizieren, die die weiter oben erwähnten Attribute beinhalten: Der Manager ist

„dynamisch" (er hat nie Zeit, ist ständig gehetzt, er verfällt in Aktionismus); er ist „belastbar" (er darf Streß nicht zugeben, Überlastung darf er nicht zeigen, schon gar keine Gefühle); er ist „durchsetzungsstark" (er ist hart, auch gegen sich selbst, und er ist eher zielorientiert als sozial und menschlich).

Und eben diese Umstände unterdrücken den Umgang mit Gefühlen. Der Manager aber, der gleichzeitig sach- und sozialkompetent ist, wird Kollegen selbstverständlich auch menschlich behandeln und Gefühle nicht nur zulassen, sondern sie ernst und wichtig nehmen! Auch solche Manager gibt es; wir kennen eine Reihe von ihnen. Daß Manager mit einem offenen, gefühls- *und* sachorientierten Persönlichkeitsstil wesentlich mehr Erfolg haben, versteht sich aus unserer Sicht von selbst!

Was aber macht den Menschen aus, der es gelernt hat, seine Gefühle, Wünsche und Befürchtungen zu äußern, der angemessen sagt, was er denkt oder was ihn stört, was er will oder nicht will? Es ist seine *Souveränität*, seine unumschränkt eigenständige und selbständige Person – oder besser: Persönlichkeit! Natürlich wird dieser Mensch auch eine gekonnte Kommunikation praktizieren und andere Menschen nicht verletzen oder kränken, wenn er sich „öffnet". Gleichermaßen wird ein solcher Mensch ein hohes Maß an Einfühlungsvermögen und Toleranz besitzen sowie die Fähigkeit, angemessene Kritik annehmen und verarbeiten zu können.

Zusammenfassend ist zu sagen, daß gerade die Fähigkeit, Gefühle, Wünsche und Befürchtungen zu äußern – zumindest langfristig gesehen und in stets angemessener Form praktiziert – von erheblichem Vorteil für die Persönlichkeitsbildung eines jeden Menschen ist! Diese Fähigkeit ist allerdings nicht allen „in die Wiege gelegt worden"; sie ist aber, wenngleich auch in kleinen Schritten, trainierbar!

Fragen Sie sich einmal: Was *freut* mich an dem Verhalten eines anderen Menschen? Habe ich es ihm/ihr schon einmal gesagt, und wenn ja, wann zum letzten Mal? Vielleicht fragen Sie aber auch einmal danach: Was *stört, ärgert, hemmt* mich im Zusammenleben mit anderen Menschen oder auch nur mit einer Person? Wie würde ich mir dieses Zusammenleben wünschen? Und vielleicht versuchen Sie einfach mal, darüber zu sprechen. Sie werden sehen, es lohnt sich!

10. Gefühle eines Menschen lassen sich nicht bewerten; es gibt keine „richtigen" oder „falschen" Gefühle.

Diese Aussage *„stimmt"*!

Begründung: Ähnlich, wie sich Schmerz nicht objektiv bewerten läßt, verhält es sich mit Gefühlen. Gefühle sind subjektiv empfundene innere Reize, die nur *den* Menschen individuell betreffen, der sie verspürt. Das bedeutet, daß wir mit Gefühlen anderer Menschen derart umgehen sollten, daß wir sie beim anderen als für *ihn existent* akzeptieren und wahrnehmen. Keinesfalls sollten wir Gefühle eines anderen Menschen werten, schon gar nicht auf unsere eigene Empfindung hin zu „objektivieren" versuchen.

Im Umkehrschluß bedeutet dies das gleiche für *Ihre* Gefühle und Empfindungen! Ein von Ihnen empfundenes Gefühl ist ebenso in ihrem Inneren subjektiv *da*! Und auch hier hat kein anderer das „Recht", Ihr Gefühl in Frage zu stellen oder zu bagatellisieren! Das bedeutet, daß wir auch unsere eigenen Gefühle ebensowenig bewerten sollten, sondern sie als existent akzeptieren lernen und zulassen! Inwieweit ich jedoch eine *Situation* verändere, um unangenehme Gefühle möglichst nicht mehr zu produzieren, steht auf einem anderen Blatt. Je besser es dem Menschen gelingt, Gefühle zuzulassen, sie sich einzugestehen, anstatt sie zu verdrängen oder zu unterdrücken, desto eher wird er sie „bearbeiten" können, indem er beispielsweise darüber spricht und sich öffnet.

Ein typisches Beispiel ist die weitverbreitete Flugangst, die weitaus mehr Passagiere betrifft, als man meinen mag! Und beobachten Sie einmal während eines Fluges die unterschiedlichsten Verhaltensweisen der Menschen, sich diese Flugangst nicht anmerken zu lassen (zum Beispiel das „Erleichterungsklatschen" der Passagiere nach der Landung – und die angespannte Ruhe davor). Die betroffenen Menschen haben aber de facto Angst; das Gefühl ist existent und real, mit allen Nebenwirkungen. Wenn nun aber diese Menschen über ihre Flugangst sprechen, wird allein schon durch das Sprechen über dieses Gefühl eine Erleichterung erfolgen.

Versuchen Sie also, Ihre Gefühle zuzulassen, sie sich einzugestehen, und, wo immer es Ihnen möglich erscheint, sprechen Sie mit einem Ihnen wohlwollenden Menschen darüber! Akzeptieren und tolerieren Sie andererseits die Gefühle anderer Menschen, ohne sie auf Ihr Empfinden oder Weltbild hin zu bewerten. Helfen Sie anderen, über ihre Empfindungen zu sprechen. Und selbst, wenn Sie im Moment auch keinen Rat geben können: Allein das Zuhören, Wahrnehmen und Verstehen der Situation des anderen hilft ihm sehr!

11. Wenn ein Konflikt zwischen zwei Menschen ausgetragen wird, gibt es letztlich doch immer einen „Gewinner" und einen „Verlierer".

Diese Aussage *„stimmt nicht"*!

Begründung: Die Beantwortung dieser Aussage mit „stimmt nicht" hat ihre Ursache in der Annahme, daß es sich um eine echte, faire und keine faule Konfliktlösung handelt, denn sonst wären tatsächlich ein „Gewinner" und ein „Verlierer" die Folge (wobei dann allerdings auch der scheinbare Gewinner auf lange Sicht verlieren würde, zum Beipiel durch Trennung, Auszug, Kündigung o. ä.). Es gibt leider solche „Sieg-Niederlage-Strategien"; nur gibt es sie hoffentlich nicht allzuoft, und es gibt sie schon gar nicht *immer*! Es soll also hier mit der Antwort „stimmt nicht" der für uns anzustrebende Sollzustand angesprochen sein, der es ermöglicht, daß nach der Austragung eines Konfliktes möglichst alle Konfliktparteien als echte Gewinner hervorgehen. Die amerikanische Sprache nennt ein solches Konfliktverhalten *Winner-Winner-Game*, also ein „Gewinner-Gewinner-Spiel", aus dem die Konfliktparteien zufrieden und mit für alle tragbaren und *echten* Kompromissen hervorgehen. Ein Winner-Winner-Game könnten wir auch als kooperatives, kreatives Konfliktverhalten im Gegensatz zu einer konfrontativen Konfliktbearbeitung bezeichnen.

In einem Winner-Winner-Game, in einer kooperativen, kreativen Konfliktbearbeitung, ist es in der Tat möglich, durch die echte Bereitschaft *beider* Konfliktparteien neue, tragfähige Lösungen zu suchen, dabei alte Denkmuster in Frage zu stellen und zu einem echten und fairen, von allen Beteiligten akzeptierten Kompromiß zu kommen. Allerdings setzt eine solche Konfliktlösung eine intensive Auseinandersetzung und ein Training der Beteiligten im Umgang mit Konflikten voraus. Hier eine mögliche, in der Praxis bewährte Konflikt-Lösungsstrategie.

Die kooperative Konfliktbearbeitung

Konflikte können dann als gelöst bzw. bearbeitet angesehen werden, wenn *alle Beteiligten* das Gefühl haben, daß der Konflikt nicht mehr besteht oder zumindest akzeptabel wurde, dabei aber *niemand* als Verlierer hervorgeht. Es ist demzufolge richtig und notwendig, die Konfliktparteien grundsätzlich an der Bearbeitung des Konfliktes zu *beteiligen* und *gemeinsam* eine für alle zufriedenstellende Lösung beziehungsweise einen für alle akzeptablen Kompromiß herbeizuführen.

Die folgenden *sieben* Stufen einer kooperativen Konflikt-Lösungsstrategie können hierbei sehr hilfreich sein:

Stufe 1: Problemklärung

Den Konflikt offen ansprechen, ihn deutlich benennen, erläutern, wann und wie sich der Konflikt äußert, gegebenenfalls Folgen besprechen, was sein wird, wenn der Konflikt weiterbesteht.

Frage: „Was ist das eigentliche Problem?" Den Konfliktgegenstand und die Konfliktursache – wo immer möglich – deutlich voneinander trennen und aussprechen! Abgrenzung zu anderen Problemen vornehmen; sich auf das hier und jetzt vorliegende Problem konzentrieren, nicht auf „Nebenkriegsschauplätze" ausweichen. Eventuell eine Umformulierung des Problems vornehmen (oft liegt hierin bereits eine Lösung). Sich unbedingt die erforderliche Zeit nehmen!

Stufe 2: Gemeinsamkeiten herausstellen

Es ist ausgesprochen lohnenswert, trotz oder gerade wegen eines anstehenden Konfliktes die *Gemeinsamkeiten* herauszustellen, die die Konfliktparteien haben. Denn, so paradox dies klingen mag, hätten die Beteiligten keine Gemeinsamkeiten, so hätten sie vermutlich auch keinen Konflikt! Gemeinsamkeiten könnten beispielsweise sein: das gemeinsame Interesse an der Lösung schlechthin, Verändern von Sachthemen und/oder Rahmenbedingungen in einem Unternehmen, Verändern von Marktverhalten, Erreichen von mehr Gewinnen. Wenn in dieser Phase erst einmal *Gemeinsamkeiten* aufgelistet und besprochen werden konnten, hat man das gemeinsame Ziel der Veränderung. Dadurch kann eine mögliche, aggressive Grundhaltung der Konfliktpartner erheblich positiviert werden. „Man sitzt im gleichen Boot", und die Bereitschaft der Beteiligten zu einer zufriedenstellenden Lösung wird deutlich erhöht!

Stufe 3: Entwickeln von Lösungen

Mögliche, auch zunächst „verrückt" erscheinende Lösungsvorschläge aller Konfliktpartner sollten hier – zunächst völlig unbewertet – zugelassen, aufgenommen und möglichst schriftlich festgehalten werden. Fragen könnten zum Beispiel sein: „Wie können wir erreichen, daß ...?" Oder: „Welche möglichen Ideen, Lösungsansätze sehen wir, um das bestehende Problem für alle Beteiligten zufriedenstellend zu lösen?"

Lassen Sie keine vorschnelle Bewertung oder gar ein „Niedermachen" einzelner Lösungen/Ideen zu! Es sollten möglichst viele Lösungsvorschläge gesammelt und dabei alle Beteiligten einbezogen werden. Oft funktioniert diese Vorgehensweise nur unter Zuhilfenahme eines neutralen Moderators. Das Ergebnis dieser Phase sollte eine Sammlung unbewerteter, von allen Beteiligten gleichberechtigt eingebrachter Ideen bzw. Lösungsvorschläge sein.

Stufe 4: Bewerten der Lösungen (Vorauswahl)

Frage: „Was spricht für, was gegen die einzelnen Lösungen?" Die vorhandenen Lösungen gegebenenfalls anonym bewerten lassen! Streichen der Lösungen, die für einzelne Konfliktparteien absolut unannehmbar sind!

Hier sollten die Ideen und Lösungsansätze sowohl mit emotionalen Wertungen als auch mit rationalen Betrachtungen hinterfragt werden, so zum Beispiel:

– Sind die Lösungen realistisch?
– Sind die Lösungen überhaupt machbar?
– Sind sie ethisch, moralisch, menschlich vertretbar?
– Sind die Lösungen wirtschaftlich in einem akzeptablen Rahmen?

Die hier angeführten Fragen können natürlich von Fall zu Fall verschieden sein, je nachdem, welche Parameter für die Erfüllung von Bedingungen Gültigkeit haben.

Die dann verbleibenden Lösungen sollten zum Schluß dieser Phase daraufhin untersucht werden, ob sie *für alle beteiligten Konfliktpartner annehmbar* sind!

Stufe 5: Entscheiden

In dieser Phase sollte eine gemeinsame Entscheidung für die von allen als beste empfundene Lösung getroffen werden. Es können natürlich auch mehrere Lösungen sein, die den Konflikt befriedigend beenden. Die Lösung(en) sollte(n) möglichst genau beschrieben werden, damit ein jeder das gleiche darunter versteht. Eine oder mehrere Lösungen sollten als wandelbar – und nicht als endgültig – betrachtet werden, da sich die Umstände möglicherweise auch ändern können. Am Ende dieser Entscheidungsphase sollte noch einmal danach gefragt werden, ob *alle Beteiligten* zu dieser Entscheidung stehen und sie voll akzeptieren können.

Stufe 6: Festlegen der Vorgehensweise

In dieser Phase des Umsetzungsprozesses wird nun festgelegt, wie konkret vorzugehen ist und welche Wege geeignet sind, der Lösung entsprechende Taten folgen zu lassen. Es sollten hierbei klar definierte Aufgaben übernommen und die Handlungsspielräume einzelner definiert werden.

Frage: *„Wer macht was, mit wem, bis wann, mit welchem Ziel?"*

Stufe 7: Ergebniskontrolle und -analyse

Die in Stufe 6 festgelegten Aktionen und Maßnahmen müssen in der zeitlichen Folge natürlich kontrolliert bzw. konsequent verfolgt werden. Auch dieser Kontrollmaßstab sowie seine Art und Weise sollte miteinander festgelegt werden. Da – erfahrungsgemäß – eine solche konsequente Erfolgskontrolle häufig nicht vorliegt, gehen gute Lösungen und Ideen leider allzuoft verloren. Nicht selten haben wir in Betrieben erlebt, daß durchaus eine Vielzahl von Lösungsansätzen und Ideen formuliert und vorhanden waren, deren Umsetzung aber inkonsequenterweise nicht beobachtet, verfolgt und nachgehalten wurde, so daß sie allesamt wieder in „der Versenkung" verschwanden. Menschen, die so eine Situation ein- oder mehrfach erlebt haben, werden in Zukunft auch keine große Lust (mehr) verspüren, Ideen zu entwickeln und zur Lösungsfindung beizutragen! Im Gegenteil: Aus anfänglicher Initiative wird Unlust oder gar Frustration.

Es ist also von immenser Bedeutung, auf die Einhaltung von Absprachen, Versprechungen sowie auf die vereinbarten Termine unbedingt zu achten und bei Nichteinhaltung die verantwortlich übernommenen Aufgaben und Aktionen deutlich einzufordern!

Bei der Bewertung des Erreichten sollte, als Analyse des Prozesses, danach gefragt werden, ob die erarbeitete Lösung zur Regelung beziehungsweise Lösung des Konfliktes geeignet und richtig war und was gegebenenfalls zu korrigieren ist. Die Funktionsfähigkeit der Entscheidung wird also im Nachhinein untersucht.

Die oben dargestellte Vorgehensweise ist *ein* hilfreiches Modell zur kooperativen Konfliktbearbeitung. Natürlich gibt es darüber hinaus noch eine Reihe anderer bewährter Methoden und Modelle. Selbstverständlich sollen alle Beteiligten bei allen hier beschriebenen Stufen einbezogen und – wenn sie auch selbst nicht immer dabei sein können – zumindest offen und zum richtigen Zeitpunkt informiert werden!

Dieses „7-Stufen-Modell" findet natürlich in erster Linie Anwendung bei komplexeren, meist betrieblichen Konfliktfeldern. Aber auch bei zwischenmenschlichen Konflikten, die ja meist auf Beziehungsproblemen beruhen, läßt sich dieses Modell im Sinne einer strukturierten Vorgehensweise sehr gut anwenden!

Vielleicht hilft Ihnen das nachstehende Raster bei der Lösung eines Sie betreffenden Konfliktes, sei er aus Ihrer Berufswelt oder aus Ihrem privaten Bereich.

Hilfsraster zur Analyse und Lösung von Konflikten

Der Konflikt lautet (geben Sie ihm einen „Namen"):

_____

(1) Problemerklärung:

Was ist das eigentliche Problem?

_____

Wer sind die tatsächlich Beteiligten?

_____

Was ist der Konflikt-Gegenstand?

_____

Was ist die Konflikt-Ursache?

_____

Was geschieht, wenn der Konflikt bestehen bleibt?

_____

Ist der Konflikt so gravierend, daß er bearbeitet werden muß?

Ja: (dann weiter)   Nein: (akzeptieren?)

(2) Gemeinsamkeiten herausstellen:

Welche Gemeinsamkeiten haben die am Konflikt Beteiligten?

a) _____

b) _____

c) _____

(3) Entwickeln von Lösungen:

Welche – auch zunächst abwegig erscheinenden – Lösungen/Ideen fallen mir/uns spontan ein?

a) _____

b) _____

c) _____

d) _____

e) _____

f) _____

(4) Bewerten der Lösungen:

Welche der Lösungen erscheinen mir/uns als von vornherein absolut unannehmbar? (Streichen dieser Lösungen.)

Welche der Lösungen halte ich/halten wir für überdenkenswert, realistisch, machbar, relativ neu, wirtschaftlich, ethisch, moralisch und menschlich vertretbar? (Ergänzen Sie bitte hier Ihre eigenen, für Sie wichtigen Parameter.)

Die folgenden Lösungen ziehe ich/ziehen wir in Betracht:

Lösung(en): _____

_____

(5) Entscheiden:

Für welche Lösung(en) entscheide ich mich/entscheiden wir uns zum jetzigen Zeitpunkt?

_____

_____

_____

(6) Festlegen der Vorgehensweise:

Was ist zu tun?	Wer tut es?	Mit wem?	Bis wann?	Ziel?

Nehmen Sie gegebenenfalls zu dem oben dargestellten persönlichen Aktions- und Maßnahmenkatalog ein weiteres Blatt Papier zur Hand! Machen Sie hier Ihre Angaben so konkret, wie irgend möglich, und verfolgen Sie sie konsequent weiter!

(7) Ergebniskontrolle und -analyse:

Wie werde ich die geplanten Aktionen und Maßnahmen konsequent kontrollieren?

Bitte beschreiben Sie einen geeigneten Kontrollmaßstab, zum Beispiel Wiedervorlage, Zeitplanbuch oder Terminplaner. Am besten sorgen Sie dafür, daß dieser Aktions- und Maßnahmenplan für Sie immer sichtbar ist, indem Sie ihn beispielsweise an Ihre Pinwand oder auf Ihre Schreibtischunterlage legen!

Meine persönliche Kontrolle:

_____

_____

Wenn Sie dieses durchaus variierbare Hilfsraster zur Analyse und Lösung von Konflikten wirklich nutzen, werden Sie sehen, wie hilfreich es sein kann, sich einmal über ein Schema – also eine eher rationale Vorgehensweise – mit Konflikten auseinanderzusetzen.

Wohlgemerkt: Es kann zur Lösung von Konflikten beitragen, ein Allheilmittel ist es erfahrungsgemäß nicht, denn es gibt neben vielen erklärbaren Konflikten eben auch solche, die nicht ganz so einfach in ein Raster gehören. Diese Konflikte bereiten vielleicht am meisten Angst und Sorge, weil wir sie nicht mit unserem Verstand greifen können. Dann versagt natürlich auch das oben beschriebene Vorgehensraster. Wo immer Sie aber Konflikte kopfmäßig zu begreifen in der Lage sind, ist dieses Raster von immenser Hilfe. Nutzen Sie es in diesem Sinne.

Wie auch immer Konflikte entstehen, was die Ursachen und Folgen eines Konfliktes auch immer sein mögen: Bei Konflikten geht es um *menschliches Verhalten* und um (oft tiefenpsychologische) *Grundeinstellungen im Menschen*. Darüber mehr im folgenden Kapitel.

Vom Umgang mit Menschen

Alle Menschen sind – gottlob – Individuen mit ihren ureigenen Bedürfnissen und Trieben, ihren Wertvorstellungen und Idealen, ihren persönlichen Einstellungen zur Welt, zu ihrem Leben und zu anderen Menschen. Daß Menschen eben grundverschieden sind, macht unser Zusammenleben hochinteressant und dynamisch, aber auch nicht immer einfach.

Wenn wir in diesem Kapitel vom Umgang mit Menschen sprechen, so betrifft dies natürlich auch – und im Sinne der Burnout-Symptomatik erst recht, den Umgang mit sich selbst. Die folgenden Ausführungen beinhalten deshalb stets beide Aspekte: das eigene „Ich", also den Umgang mit sich selbst, sowie das „Du", den Umgang mit anderen Menschen.

Grundeinstellungen/Lebenspositionen

Lebenspositionen sind innerpersönliche Entscheidungen darüber, wie man sich selbst und andere erlebt. Diese Entscheidungen werden im Leben relativ früh, meist schon in der Kindheit getroffen.

Vom Umgang mit sich selbst und anderen 129

Aus solchen Entscheidungen erwachsen dann, unbewußt oder zum Teil auch bewußt, Grundeinstellungen zu sich selbst und zu anderen Menschen, die wie eine innere Norm das Leben weitestgehend bestimmen und darüber mitbefinden, ob das Leben faszinierend und lebenswert oder beängstigend und konfliktbeladen ist.

Der Mensch kann sich in seinem Leben entscheiden, ob er sich beispielsweise als

klug	oder	dumm
stark	oder	schwach
überlegen	oder	unterlegen
selbstbestimmt	oder	fremdbestimmt
erfolgreich	oder	erfolglos
nett	oder	gemein
liebenswert	oder	ungeliebt

einschätzt. Bedenken Sie, daß es sich hierbei um *Selbsteinschätzungen* handelt (Eigenbild), die in vielen Fällen nicht mit der Einschätzung durch andere (Fremdbild) übereinstimmen.

Und der Mensch kann sich entscheiden, wie er andere Menschen sieht:

Menschen sind wunderbar	oder	Menschen taugen nichts
Menschen sind von Natur aus gut	oder	Menschen sind von Natur aus schlecht
Menschen sind liebenswert	oder	Menschen sind gemein
Ich mag die Menschen	oder	Ich mag die Menschen nicht

Betrachtet man nun diese Grundeinstellungenn als ein Ganzes, so lassen sich sehr anschaulich *vier Lebenspositionen* darstellen, die von großer Bedeutung für den Umgang mit sich selbst und mit anderen Menschen sind:

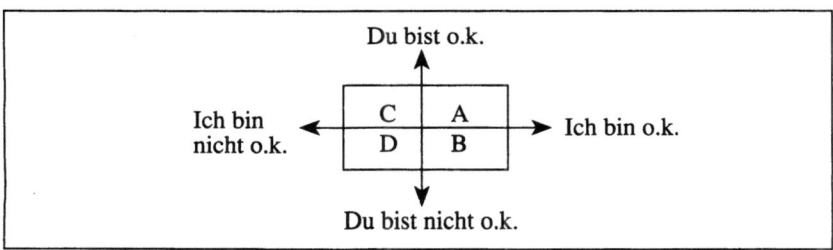

Transaktionsanalyse nach Th. Harris

Zu diesem Modell einige Anmerkungen:

Natürlich stehen die einzelnen Felder etwas plakativ-modellhaft jeweils nur für eine *tendenzielle* Ausprägung von Lebenspositionen (es gibt zweifelsfrei auch Mischformen davon). Aber gerade wegen ihres modellhaften Charakters lassen sie sich in ihrer inhaltlichen Relevanz so gut nachvollziehen.

Es ist offensichtlich, daß das Feld A („Ich bin o. k. – Du bist o. k.") die im Leben erstrebenswerte Grundeinstellung darstellt. Diese Lebensposition bedeutet: „Ich bin mit mir und meinem Leben zufrieden, ich mag mich und andere, ich fühle mich wohl und erfolgreich, ich weiß, daß ich Stärken habe, und ich weiß auch, daß ich Schwächen habe, wie sie jeder Mensch haben darf. Dort, wo mich meine Schwächen oder die der anderen stören, versuche ich, sie positiv zu beeinflussen. Dort, wo ich Schwächen nicht verändern kann, versuche ich, sie zu akzeptieren. Ich weiß, daß ich gemocht und akzeptiert werde, und ich akzeptiere die anderen Menschen. Sie werden mir helfen, wenn ich Hilfe benötige, so, wie ich ihnen helfe, wenn sie Hilfe benötigen. Andere Menschen sind von Natur aus gut – so wie ich es bin –, sie sind leistungswillig und stark, motivierbar und förderungswürdig. Ich nehme mich und mein Leben mit anderen Menschen positiv an, und ich lebe gerne!"

Können Sie die obigen Aussagen für sich weitgehend bestätigen? Wenn ja, dann sollten Sie versuchen, anderen Menschen zu helfen, in diese lebenswerte Grundeinstellung hineinzuwachsen! Wenn Sie für sich diese Lebenseinstellung unumwunden bejahen können, so gehören Sie zu den Menschen, die der Gefahr eines „Ausbrennens" – dem Burnout – am ehesten entgehen!

Das Feld B sagt aus: „Ich bin o. k. – Du bist nicht o. k.!" Menschen, deren Grundeinstellung so geprägt ist, sind im Umgang mit anderen Menschen ausgesprochen „schwierig", denn diese Menschen sind oft sehr selbstbezogen, selbstüberschätzend, ja gar selbstherrlich. Und sie neigen zu autoritärem und unterdrückendem Verhalten. Leider gibt es unserer Erfahrung nach in vielen Unternehmen diese Menschen, die ihr Umfeld stark belasten können. Die Schwierigkeit dabei ist, daß Menschen mit dieser Grundeinstellung unsagbar schwer zu verändern sind, denn sie sind ja ihrer inneren Überzeugung nach o. k.! Dennoch: Durch eine psychologisch gekonnte Kommunikation mit ihnen läßt sich die Situation häufig auf ein erträgliches Maß hin verändern.

Sollten Sie mit Menschen der hier beschriebenen Grundeinstellung zu tun haben, fragen Sie sich, inwieweit Sie deren Verhalten ertragen können, ohne Schaden an der eigenen Persönlichkeit zu nehmen. Ist dies nicht möglich, sind gravierendere Änderungen vonnöten, gegebenenfalls gar ein Ausstieg aus der Situation.

Im Feld C verkörpert der Mensch seine Grundeinstellung: „Ich bin nicht o. k. – Du bist o. k.!" Diese Lebensposition ist weit häufiger anzutreffen, als man zunächst glauben mag. Die Menschen dieser Disposition sind üblicherweise bescheiden, ausgesprochen hilfsbereit und liebenswert. Leider sind sie im Umgang mit sich und anderen zu wenig selbstbewußt, denn diese Menschen haben viele Stärken, die sie an sich aber nicht erkennen können. Oft sind sie ausgesprochen sensibel für Vorgänge und andere Menschen, sie können hervorragende Zuhörer sein, und sie entwickeln häufig ein hohes Maß an Einfühlungsvermögen.

Ihre Disposition kommt vielfach aus einer Erziehung der Verbote und Vorschriften („Das tut man nicht!" „Halt den Mund, wenn Erwachsene reden!" usw.) sowie aus zahlreichen (tatsächlichen oder nur so bezeichneten) Mißerfolgen und Versagenssituationen. Oft mußten diese Menschen schon im Elternhaus ständig erfolgsorientiert sein und durften nie versagen. Menschen, die ihre Grundeinstellung „Ich bin nicht o. k. – Du bist o. k." als Lebensposition gelernt haben, sollten sich unbedingt ihre vorhandenen Stärken bewußt machen und sie zu einem neuen Teil ihres Selbstwertgefühls werden lassen. Oft geht dies natürlich erheblich einfacher durch die Hilfe anderer Menschen, durch deren positive Rückmeldungen diese Stärken manchmal überhaupt erst sichtbar werden.

Sollten Sie mit Menschen dieser Lebensdisposition zusammensein, so können Sie ihnen helfen, ihr Selbstvertrauen und Selbstwertgefühl zu steigern, indem Sie diesen Menschen – ehrlich und angemessen – erlebte Stärken und positive Verhaltensweisen rückmelden. Dadurch können sie sich langsam in die Lebensposition „Ich bin o. k. – Du bist o. k." begeben!

Es sei – der Vollständigkeit halber – zuletzt das Feld D erwähnt. Hier herrscht natürlich die menschlich „ungünstigste" Ausgangs-Disposition vor, nämlich: „Ich bin nicht o. k. – Du bist nicht o. k."! Oder anders gesagt: Der Mensch ist mit sich und den anderen Menschen im Leben unzufrieden. Wir alle haben manchmal solche *Phasen*, die aber hoffentlich nur von kurzer Dauer sind. Ist aber diese Grundeinstellung dauerhaft verinnerlicht, so birgt sie einige nicht unerhebliche Risiken, je nach dem Grad der Disposition bis hin zu Depressionen, Apathie, Resignation, ja sogar zu Suizidgedanken. Als ein Beispiel sei das zerstörerische Verhalten vereinzelter (oft junger) Menschen erwähnt, die – weil sie mit sich selbst und den anderen Menschen nichts mehr anzufangen wissen – zu Drogen greifen oder Vandalismus betreiben.

Menschliches Verhalten bei Existenzsorgen

Wenn wir die Verhaltensweisen von Menschen einmal genau betrachten, so können wir feststellen, daß viele dieser Verhaltensweisen darauf abzielen, ihre Existenz vor einer vermeintlichen Gefahr zu schützen. Mit Existenz ist für das „Überleben" in einer kapitalistischen Gesellschaft schlicht der Erhalt des Arbeitsplatzes, der materiellen und sozialen Sicherung, oft auch des Prestiges, der Karriere, des Luxus, manchmal gar der Macht gemeint.

Und um eben diese Existenz nicht in Gefahr zu bringen, verhalten sich die Menschen entsprechend *angepaßt, ängstlich,* ja gar häufig *unterwürfig* (zum Beispiel ihrem Chef gegenüber). Auch das Gegenteil davon ist möglich: Aggression, Machtkämpfe, Intrigen.

Des weiteren resultiert aus der Angst des Existenzverlustes oft ein übertriebenes Absicherungsverhalten, und anstehende Entscheidungen werden nicht getroffen, sondern „zurückdelegiert" oder vertagt, Informationen zurückgehalten und „gehortet".

Nicht nur, daß diese Verhaltensweisen ausgesprochen destruktiv und kontraproduktiv sind (viele Unternehmen sind dadurch nachweislich in Konkurs gegangen), dieses Verhalten ist auch vielfach gegen die innerpersönliche Einstellung gerichtet. „Eigentlich" fühlt und denkt der Mensch ganz anders als er (hier) handelt. Wie oft ist beispielsweise der folgende Satz zu hören: „Wenn ich eine Million gewinne, dann sage ich meinem Chef mal, was ich von ihm halte!"

Wir haben in vielen Fällen erlebt, daß gerade der oben beschriebene Sachverhalt in hohem Maße zu einem Ausbrennen, zum Burnout, führt, weil der Mensch sich völlig anders *verhält* als es seine persönliche *Einstellung* im Grunde zuläßt. Er „kämpft" also quasi permanent gegen „sich selbst", indem er ein nicht authentisches Verhalten praktiziert. Die Folge ist Zerrissenheit, Unzufriedenheit, Grübelei, innere Kündigung oder gar innere Pensionierung. Eine Schätzung besagt, daß von allen Arbeitnehmern in Deutschland bereits über 30 Prozent innerlich gekündigt haben!

Wie aber läßt sich eine solche Situation ändern? Wie kann ich mir selbst und anderen Menschen helfen, zu einem *authentischen Verhalten* – entsprechend der eigenen Grundeinstellung – zu gelangen? Und: Wie kann ich dies erreichen, ohne meine Existenz zu gefährden? Hierzu einige Angebote, die aus unserer Erfahrung heraus quasi den Schlüssel zu einem positiven und lebensbejahenden Verhalten bilden:

Offenheit und Kritikfähigkeit

Ein bereits älteres Modell beschreibt zwischenmenschliches Verhalten sehr anschaulich und lehrreich: das *Johari-Fenster*. Es wurde benannt nach den beiden amerikanischen Autoren Joe Luft und Harry Ingham, indem deren Vornamen Joe und Harry irgendwann einmal zu „Jo-Hari" verballhornt wurden.

Das Modell enthält vier (lebens-)wichtige Felder:

1. **die Arena:**
   das Feld der „freien Aktivität", des souveränen, authentischen Verhaltens

2. **die Fassade:**
   die „gespielte Rolle", das Feld des „Versteckens und Verbergens"

3. **den Blinden Fleck:**
   das Feld meiner mir nicht bekannten, aber von anderen erlebten Verhaltensweisen

4. **das Unbewußte:**
   das Feld des weder mir noch anderen rational zugänglichen Verhaltens und Wirkens

Anders gesagt beschäftigt sich *das Johari-Fenster* mit den Kernfragen unseres zwischenmenschlichen Zusammenspieles:

1. Wie bin ich? (Arena)
2. Wie gebe ich mich? (Fassade)

134 Ausgebrannt und leer – Hilfen zur Selbsthilfe

3. Wie werde ich gesehen? (Blinder Fleck)
4. Was geschieht unbewußt? (Unbewußtes)

Hier nun einige Erläuterungen und praktische Beispiele, die die einzelnen Felder des Modells greifbar und umsetzbar machen:

Feld A: Arena

Dieses Feld „Arena" wird auch das Feld der „freien Aktivität" genannt. Es repräsentiert ein souveränes, authentisches Verhalten! Das bedeutet: Ein Mensch, der sich in diesem Feld befindet, *lebt sich selbst, wie er ist*, mit all seinen Stärken und (!) Schwächen. Er ist authentisch, souverän und autonom. Er sagt, was er denkt, und er zeigt Gefühle. Er „macht aus seinem Herzen keine Mördergrube" – wie es im Volksmund so schön heißt. Ein Mensch, der in der Arena lebt, ist eine *sich selbst verantwortliche, autonome und souveräne Persönlichkeit!*

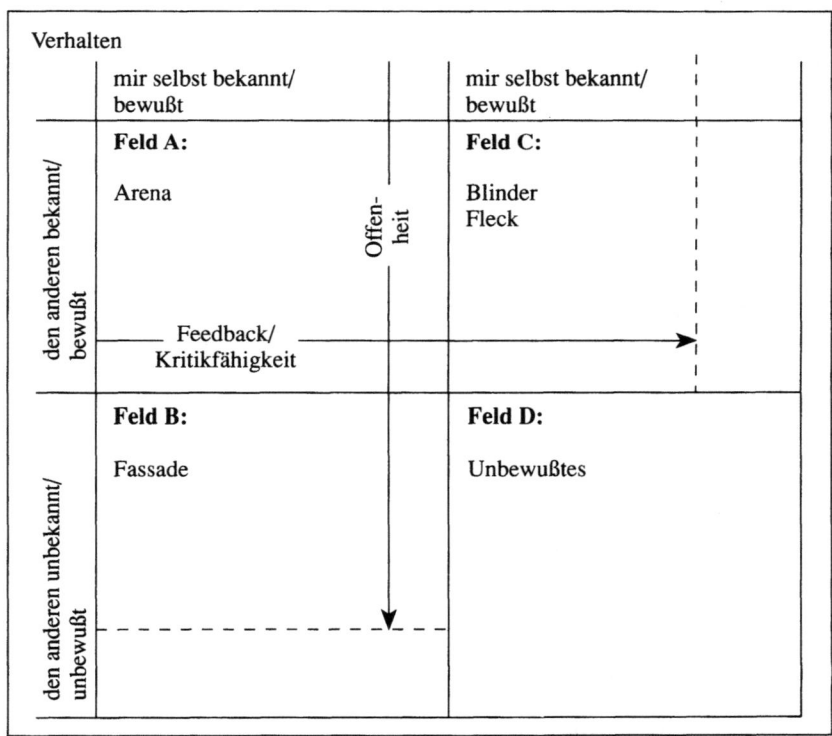

Die Felder des Johari-Fensters

Die Arena ist sicher für jeden Menschen der erstrebenswerte Zustand. Warum aber fällt es nun vielen schwer, sich so authentisch und *offen (!)* zu verhalten? Wir glauben, daß die Antwort zum einen in der oben beschriebenen Existenzangst und in dem Bemühen um ein Überleben in einer schwierigen Gesellschaft liegt, zum anderen aber auch darin, daß es die Menschen dieser Gesellschaft weitgehend verlernt haben, Gefühle zu zeigen und mit Gefühlen umzugehen.

Ein weiterer Grund, nicht in der Arena zu sein, mag in der *Erfahrung* eines Menschen begründet sein. Vielleicht hat er in seinem Leben durch (zu große?) Offenheit schon zuviele „Nackenschläge" erlebt (weil beispielsweise andere eben diese Offenheit ausgenutzt haben), woraufhin er sich in sein „Schneckenhaus" zurückgezogen hat.

Feld B: Fassade

In diesem Feld lassen sich all diejenigen Verhaltensweisen zusammenfassen, die eben nicht authentisch oder „echt" sind, sondern auf ein „gelerntes" oder „aufgesetztes" Rollenverhalten gestützt sind. Und wir sind sicher, daß dieses Feld der Fassade eines der größten zwischenmenschlichen Probleme unserer Zeit darstellt.

Ein Beispiel, durchaus nicht an den Haaren herbeigezogen:

Jürgen hat sein Studium beendet und seine erste Einstellung in einem Unternehmen bekommen. Jürgen hat schon sehr viel während seines Studiums über „erfolgreiche" Leute gelesen und gehört, und auch seine Eltern haben ihn entsprechend geprägt. So „weiß" Jürgen, was zu tun ist, um die Karriereleiter möglichst schnell emporzusteigen. Sein inneres Bild eines „erfolgreichen Managers" ist geprägt! Geprägt von „Stehvermögen", „Durchsetzungskraft", „Dynamik", „Belastbarkeit" und ähnlichen Attributen. Wie verhält sich nun Jürgen, der als Student eigentlich ganz locker, fröhlich und ausgelassen war, in seinem neuen Alltag?

Nach dem Aufstehen und einem schnellen Frühstück geht er in sein Badezimmer und duscht, anschließend „verkleidet" er sich als (Jung-)Manager, indem er einen Nadelstreifen-Anzug und eine silbergraue Krawatte anzieht, seine Haare zu einer „Managerfrisur" föhnt und sich eine Brille aus Fensterglas aufsetzt (das wirkt „seriös und wichtig", insbesondere die kleinen, schmalen Lesebrillen, die derzeit zuhauf verkauft werden). Anschließend zieht er seinen Trenchcoat an, aus dessen Tasche die bevorzugte Zeitschrift des Chefs herauslugt, nimmt seinen Echtleder-Attachékoffer (denn dies ist ein für Manager natürlich unentbehrliches Statussymbol), um seine Butterbrote transportieren zu können, klemmt sich sein Zeitplanbuch unter den Arm und verläßt schließlich das Haus, um seiner „Rolle" gerecht zu werden.

Vielleicht ist diese Beschreibung etwas übertrieben, etwas zu sarkastisch. Nur: Sie passiert, und sie ist kein Einzelfall. Und sie bezieht sich durchaus nicht nur auf junge Menschen, die, wie im Falle von Jürgen, etwas „werden" wollen. Jürgen spielt seine vermeintlich erfolgversprechende Rolle; er kommt total erschöpft, ausgelaugt und ausgebrannt nach Hause und „entspannt" sich erst einmal mit einem Cognac, zieht seine geliebten Jeans an und verbringt den Rest des Abends vor dem Fernseher, ohne sonstige Freizeitaktivität, denn er hat ja morgen wieder einen anstrengenden Tag vor sich.

Das Entscheidende an diesem Beispiel ist, daß Jürgen nicht (nur) aufgrund seiner Tages-Arbeit „kaputt" ist, sondern aufgrund der immensen – und völlig fehlgesteuerten – Energie, die er auf seine Rolle, seine „Fassade" verwendet. Und ob Jürgen tatsächlich dadurch „erfolgreich" wird, sei dahingestellt. Denn vielleicht wird er ja auch durchschaut?

Feld C: Blinder Fleck

Dies ist das Verhaltensfeld, wo die anderen Menschen unser Verhalten beobachten und wahrnehmen, wo sie unsere Stärken und Schwächen registrieren, wo sie bei uns Angewohnheiten und Wirkungen (zum Beispiel nahezu im gesamten Bereich körpersprachlichen Verhaltens) bemerken, und dies meistens, ohne es uns mitzuteilen! Denn die Mitteilung über ein beobachtetes oder empfundenes Verhalten eines anderen Menschen setzt zwei wesentliche Fähigkeiten voraus:

1. Feedback (Rückmeldung) in angemessener Form geben zu *wollen* und zu *können*,
2. Annahme von Feedback, das heißt, die Fähigkeit, *Kritik annehmen* und *ertragen* zu können und darin einen Lernprozeß zu sehen.

Diese beiden Fähigkeiten sind oft nur schwach ausgeprägt. Wie aber soll ein Mensch mit anderen möglichst störungsfrei auskommen und eine gute Beziehungsebene mit ihnen aufbauen, wenn er nicht weiß, wie er auf andere wirkt? Denn gerade dieses Nicht-Wissen um die eigene Wirkung auf andere macht doch die häufige Unsicherheit und das Unwohlsein aus, das sich beispielsweise in Lampenfieber, Schüchternheit und Berührungsängsten äußert.

Feld D: Unbewußtes

Dies ist das Feld der Tiefenpsychologie. Zwei Personen können sich zum Beispiel nicht erklären, wo Sympathie oder Antipathie herkommen. Warum „kann" man mit bestimmten Menschen besser als mit anderen? Woher rühren Entscheidungen für oder gegen einen Menschen (z. B. beim Einstellungsgespräch der „Türschwelleneffekt" – der Bewerber ist im Prinzip in den ersten zwei bis drei Minuten akzeptiert oder nicht)?

Dieses Unbewußte ist meist das Ergebnis vieler früher Prägungen in uns, die wir eben nicht bewußt „parat" haben. Nur sind diese „Schwingungen" zwischen Menschen nicht nur normal, sondern auch notwendig, um sich beispielsweise den richtigen Freundeskreis zu schaffen, in dem man sich wohlfühlt.

Andererseits kann man sich freilich auch in einem Menschen irren, indem man ihn irgendwann einmal völlig anders erlebt, als man ihn zuvor eingeschätzt hatte (Waren Sie schon einmal mit Freunden in einem längeren Urlaub?). Aber auch die Veränderung des „Bildes vom anderen" ist legitim und normal.

Wenn es den Menschen gelingt, ihr Verhalten (vorwiegend) in der Arena miteinander zu praktizieren, so wird sich sehr viel schneller und erkennbarer auch das Feld des Unbewußten klären!

Stellen Sie sich aufgrund der obigen Beschreibung des Johari-Fensters doch einmal folgende persönliche Fragen:

Quintessenz und Umsetzung des Johari-Fensters

- Wie stark sehe ich meine persönliche Arena schon heute ausgeprägt? Wie „groß" oder „klein" ist sie?
- Welche Bereiche von Fassade erkenne ich an mir? Ist mir klar, warum ich diese Teile der Fassade habe (z. B. Schutz, Unsicherheit)?
- Was weiß ich von meinem Blinden Fleck? Wie glaube ich, auf andere zu wirken (auch und gerade im Sinne von Stärken)?
- Was hindert mich daran, meine Arena noch stärker zu öffnen als bisher?
- Was hindert mich möglicherweise daran, andere zu befragen, wie sie mich eigentlich sehen?
- Und – wenn ich diese Hinderungsgründe kenne – wie kann ich sie überwinden lernen?
- Mit welchem Menschen könnte ich mir vorstellen, einmal über mein Johari-Fenster zu sprechen?
- Mit wem möchte/sollte ich einmal über sein Johari-Fenster sprechen?
- Welche Meinungen, Ansichten, Gefühle und Wahrnehmungen wollte ich schon immer einmal „loswerden"? Wem gegenüber? Wann werde ich es versuchen?
- Was passiert mir denn eigentlich wirklich, wenn ich angemessene Offenheit praktiziere?
- Wie werde ich mich fühlen, wenn ich es langfristig schaffe, meine Arena weiter zu vergrößern und authentisch zu leben?
- Welcher mir wohlgesonnene Mensch könnte mir bei diesem für mich so wichtigen Prozeß eine echte Hilfe sein?
- Was werde ich jetzt konkret tun?

Wenn Sie sich diesen Fragen vorbehaltlos stellen und sich zu deren Beantwortung die notwendige Zeit lassen, werden Sie sehr hohen Nutzen aus dem Johari-Fenster ziehen!

Das Prinzip der Selbstverantwortung

Jeder Mensch ist ausschließlich selbstverantwortlich dafür, was er aus seinem Leben macht und wie er es gestaltet!

Erscheint Ihnen diese These zu abstrakt oder zu „hart" und unreflektiert? Sie ist von ihrer Grundaussage her absolut zutreffend und richtig – allerdings nur solange, wie der Mensch im „Vollbesitz seiner geistigen und körperlichen Kräfte" ist – wie es so schön heißt. Denn ein geistig oder körperlich kranker Mensch bedarf natürlich der Hilfe von außen; er ist nicht mehr und in jedem Fall für seine Handlungen verantwortlich.

Wir wollen diese Behauptung einmal mit Hilfe eines Modells (vgl. Seite 140) untermauern, wie wir es in einem Seminar mit Christo Quiske erlebt und nie vergessen haben. Dieses Modell nennt sich *„Lebenscontainer"*, und es ist in der Tat nicht nur äußerst beeindruckend, sondern kann – wenn man sich damit intensiv auseinandersetzt – eine Art Lebensphilosophie darstellen!

Jeder Mensch entwickelt sich im Laufe seines Lebens innerhalb eines bestimmten „Rahmens", seines ganz persönlichen „Lebenscontainers" weiter in seiner psychologischen Reife, seinem Wissen und Können. Der „Rahmen", in dem diese Entwicklung stattfindet, ist bei jedem Menschen unterschiedlich – und aufgrund von Epochen, Erziehung, Ausbildung und materiellen Möglichkeiten mal größer, mal kleiner. Der Mensch entwickelt sich geradezu zwangsläufig nach „oben", wie es unsere Abbildung zeigt. Und hier wird er immer wieder an seine „Grenzen" stoßen, er befindet sich, wie man sagt, „mit dem Kopf an der Decke" (das Kreuz in unserer Grafik). Das ist normal und unabdingbar für einen Entwicklungsprozeß, nur eben manchmal auch schmerzlich.

In dieser Situation, mit „dem Kopf an der Decke zu sein", kann nun vielerlei passieren: Oft haben wir den „Rahmen gesprengt", sind neue Wege gegangen und haben uns anderes, vermeintlich Besseres zugetraut. Unser „Lebenscontainer" wurde größer, die „Spiel"-Räume wurden anders. Und plötzlich standen wir wieder vor der „Grenze" eines „unbekannten Spielfeldes"! Unser „Lebenscontainer", der uns ja auch immer den Schutz des Bekannten und Gelernten gab, war wieder einmal in seinen „Grenzen" gefährdet.

140 Ausgebrannt und leer – Hilfen zur Selbsthilfe

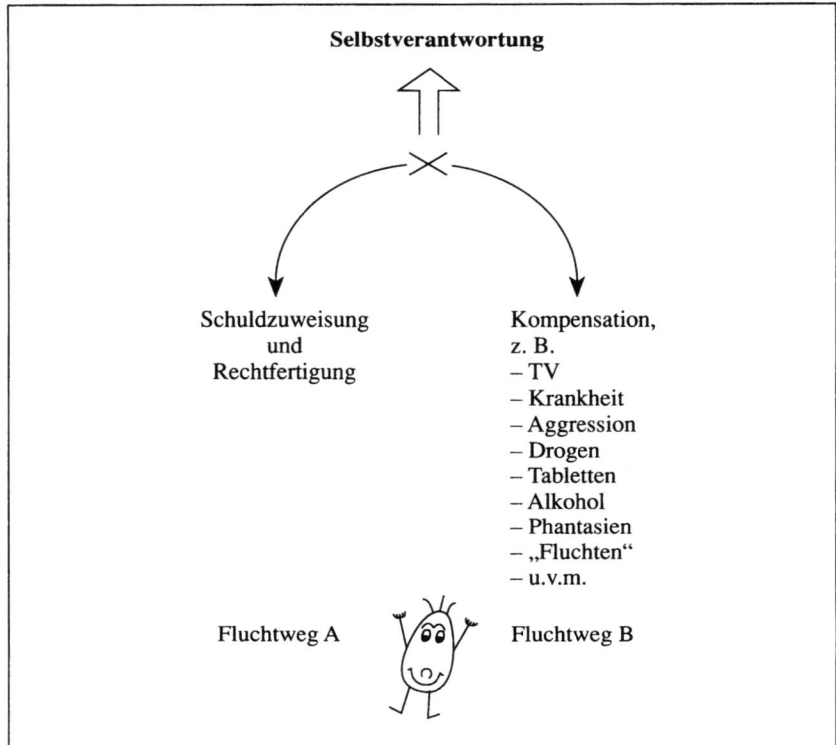

Der Lebenscontainer

Nun, was machen die Menschen, wenn sie an ihre Grenzen stoßen? Machen sie immer „auf", um zu neuen, ungewohnten und möglicherweise „gefährlichen Ufern" zu gelangen?

Unsere Praxis zeigt zweifelsfrei leider eines sehr, sehr deutlich: Menschen neigen in diesen Lebens- und Arbeitssituationen zu „Fluchtverhalten"! Anstatt den „Lebenscontainer" aufzubrechen und nach neuen – vielleicht auch unbequemen – Wegen zu suchen und die Verantwortung dafür zu übernehmen, „fliehen" sie in zweierlei Richtungen:

Fluchtweg A: Schuldzuweisung und Rechtfertigung

„Die anderen Menschen (mein Chef, die Kolleginnen und Kollegen, die Gesellschaft, die Parteien, mein Partner, die Politik ...) sind schuld an meinem derzeitigen Leben, an der Situation, in der ich mich befinde!" Oder: „Alle anderen sind rücksichtslose Autofahrer; kein Mensch kümmert sich wirklich um Umweltschutz; die Politiker und die Bonzen betrügen doch alle ...!" und so weiter. Kennen Sie und erinnern Sie sich an solche Äußerungen? Und im Betrieb: „Niemand informiert mich! Wie soll ich meine Arbeit machen, wenn die anderen ihre Aufgaben nicht erledigen?"

Denken Sie doch einmal darüber nach, wie es „den anderen" vielleicht ergehen mag, und ob „die anderen" nicht auch gerade „mit dem Kopf an der Decke" sind!

Schuldzuweisung ist heute fast schon ein gesellschaftliches „Normalbild". Es sind stets „die anderen" für das verantwortlich, was passiert. Hören Sie einmal genau in Gespräche hinein, wenn es um die Diskussion von veränderungswürdigen Problemen geht. Und was passiert, wenn der Mensch gefragt wird, was er denn dazu beitragen könnte, Probleme zu beseitigen oder zumindest daran mitzuwirken? Eine vielfach zu hörende Standardantwort ist: „Ich kann ja nichts tun, weil ...!" Und hier geschieht dann genau das, was uns allen das Leben so schwer macht. Niemand zeigt sich verantwortlich für die Veränderung einer Situation – hier etwas einfach gesagt. Der Mensch betreibt Rechtfertigungsverhalten: „Wie soll ausgerechnet ich diesen Zustand ändern?" „Dazu habe ich doch gar keine Befugnis!" „Das kann und darf ich nicht entscheiden!" „Davon habe ich keine Ahnung, da müssen Sie andere fragen!" „Wenn ich die Informationen nicht bekomme, die ich brauche, wie soll ich dann handeln können?"

Kennen Sie solche Aussagen anderer oder gar von sich selbst? Hören Sie einmal bei einer Konferenz oder einem Arbeitskreis aufmerksam zu, wie die Menschen bisweilen dort Probleme oder Konflikte zu lösen versuchen. Häufig laufen Schuldzuweisung und Rechtfertigung hin und her, wie ein Pingpongball: „Sie haben doch selber gesagt, daß ...!" „Ich konnte ja schließlich auch nicht anders handeln, weil ...!" Können Sie sich vorstellen, wie ineffizient ein solches Verhalten für die wirkliche Lösung eines Konfliktes und den „Blick nach vorn" ist und wie unnütz Energien in eine völlig falsche Bahn gelenkt werden?

Brechen Sie dieses Verhalten auf, wo immer es Ihnen möglich ist! Sprechen Sie das kommunikative Problem offen an, und Sie werden häufig absolute Zustimmung erfahren. Versuchen Sie als Beispiel zu fungieren, indem Sie selbst jegliche Schuldzuweisungen unterlassen die echte Bereitschaft zur Übernahme von Verantwortung zeigen und unter Beweis stellen.

Vielleicht ist hier eine Forderung angebracht, die das Problem verändern hilft:

> „Bitte sage mir nicht ständig, wer was wie falsch gemacht hat und warum etwas nicht geht, sondern sage mir, was zu tun ist und was du dazu beitragen wirst, damit es in Zukunft geht!"

Fluchtweg B: Kompensation

Kompensation ist hier im Sinne von „Ersatzhandlungen" gemeint. Viele Menschen wählen diesen „Fluchtweg", weil sie glauben, ein „Öffnen" des „Lebenscontainers" sei zu gefährlich oder zu unabwägbar („Was geschieht, wenn ich den Deckel aufmache?"). Stattdessen „fressen" sie die Lebensumstände „in sich hinein" und kompensieren sie durch nicht ungefährliche Verhaltensweisen, wie beispielsweise „Berieselung" durch kontinuierliches Fernsehen oder Video, durch „Flucht" in die Krankheit oder durch Aggression. Betrachten Sie einmal die Verhaltensweisen der Teilnehmer im Straßenverkehr näher. Dort wird „Frust" aggressiv abgebaut – sicher aber an der falschen Stelle. Schlimmstenfalls ersetzen Drogen, Alkohol und Tabletten das unerfüllte Leben. Auch das Konsumverhalten ist nicht selten auf Ersatzhandlungen zurückzuführen: Menschen kaufen oft Dinge, die sie eigentlich gar nicht brauchen, die ihnen aber kurzfristig eine gewisse „Ersatzbefriedigung" bringen (sogenannte „Frustkäufe"). Die Werbung nutzt im übrigen das Kompensationsverhalten von Menschen in großem Maße aus!

Was läßt sich nun insgesamt aus dem Modell des „Lebenscontainers" lernen?

Schuldzuweisung und Rechtfertigung bringen die Menschen im Umgang miteinander meist nicht weiter: Es sind Energien, die in destruktive, zumindest wenig hilfreiche Bahnen laufen. Diese „fehlgesteuerten Energien" in andere, konstruktive und für alle hilfreiche Richtungen hin zu verändern, darin liegt die Chance aller an einem Prozeß beteiligten Menschen, zu „guten und echten" Lösungen miteinander zu kommen und wirkliche, positive Veränderungen zu bewirken.

Das bedeutet – im Sinne unseres Modells – den „Deckel aufzumachen", das heißt, über die „Begrenzungen" unseres „Lebenscontainers" hinaus *selbstverantwortlich* die Dinge zu verändern, die veränderbar sind. Und zwar (im Idealfall) jeder von uns! Denn wenn jeder Mensch seinen Beitrag zu einer positiven Veränderung liefert, wird auch das Ganze positiviert.

Machen Sie einmal folgendes Experiment: Beobachten Sie im Straßenverkehr in Zukunft ausschließlich die positiven Aktionen und Reaktionen der anderen Verkehrsteilnehmer. Sagen Sie sich bei einem Fehlverhalten einzelner, daß dies nicht mit Absicht geschieht, sondern der Fahrer vielleicht momentan gestreßt ist oder mit seinen Gedanken woanders ist. Und wenn auf der Autobahn ein Fahrzeug nicht sofort nach rechts wechselt, haben Sie Geduld und warten einfach ab. Fährt es dann auf die rechte Fahrspur, bedanken Sie sich mit einem Handzeichen für das Verhalten des anderen. Sie werden feststellen, daß Sie (fast) nur noch freundliche Verkehrsteilnehmer um sich herum erleben.

Wenn es Ihnen möglich ist, die obigen Ausführungen zum Modell des „Lebenscontainers" zu akzeptieren, sollten Sie sich noch einmal bewußt machen:

> „Ich bin für mein Leben – und für den Umgang mit mir und mit anderen Menschen – selbst verantwortlich, so, wie auch jeder andere Mensch für sein Leben selbst verantwortlich ist!"

Sicher eine These, zu der es in vielen Lebensbereichen viel Einsatz und Kraft, mitunter auch einer gehörigen Portion Überwindung und Mut bedarf. Wenn Sie mit dieser These übereinstimmen und mit dieser „Philosophie" Ihr Leben meistern wollen, beginnen Sie damit am besten *sofort*! Hier mag ein weiterer, nicht mehr unbekannter Sinnspruch hilfreich sein:

> „Heute ist der erste Tag vom Rest meines Lebens!"

Vom Umgang mit der Zeit und den Aufgaben des Lebens

Wenn Sie eine Bank hätten, die Ihrem Konto jeden Morgen um 0.00 Uhr die Summe von 86.400 DM gutschriebe und ohne Saldoübertrag um 24.00 Uhr des gleichen Tages die nicht verbrauchte Summe ersatzlos streichen würde, was täten Sie? Natürlich würden Sie jeden Morgen alles abheben und das Geld bis auf den letzten Groschen sinnvoll nutzen!

Nun, Sie haben eine solche Bank: Es ist die Bank der *Zeit*! Jeden Morgen bewilligt Sie Ihnen 86.400 Sekunden, und das Tag für Tag, solange Sie leben! Jeden Abend verbucht die Bank als Verlust ab, was Sie davon nicht genutzt oder für einen guten Zweck verbraucht haben. Nichts bleibt für den nächsten Tag übrig, und überziehen geht nicht. Wenn Sie die Tageseinlage nicht ausgeben und nutzen, ist sie unwiederbringlich verloren! An jedem einzelnen liegt es, diesen Schatz an Stunden, Minuten und Sekunden so zu investieren, daß er den größtmöglichen Gewinn in Form von Gesundheit, Glück, Erfolg, Lebensfreude und Sinnerleben bringt! Das Faszinierende an diesem „Bankkonto" ist, daß es für alle Menschen uneingeschränkt gleich eingerichtet ist: Jeder verfügt über ein solches Konto. Nur kommt es zweifellos darauf an, wie der einzelne sein persönliches Konto nutzt:

Zeit kann man vertun, verschlafen, unklug verteilen, für falsche Aufgaben und Aktivitäten verwenden, sich in ihr verlieren und verstricken, ja, man kann sie gar ignorieren und „wegwerfen": „Ich habe ja nur noch acht Jahre bis zur Rente, *dann* werde ich ...!" Kennen Sie solche Aussagen?

Aber man kann Zeit auch nutzen. Die so häufig gehörte Aussage: „Ich *habe* keine Zeit!" ist schlichtweg falsch. Sie müßte richtig lauten: „Ich habe *dafür* keine Zeit!" Oder aber auch: „Ich *will/kann* mir dafür keine Zeit nehmen!"

Zugegeben: Unser Leben ist mit seinen vielfältigen Facetten in der Arbeitswelt und auch in der Freizeit oft prall gefüllt mit zu erledigenden Dingen. Gestatten Sie sich aber einmal die Frage: Wer oder was ist es denn eigentlich, wodurch das Zeitbudget bestimmt wird? Sind es tatsächlich nur und immer die anderen? Oder bin es nicht in erster Linie *ich*, der darüber *selbstverantwortlich* zu verfügen und zu bestimmen hat?!

Und wenn Sie einmal vorbehaltlos darüber nachdenken, wie es sich denn wirklich verhält, werden Sie feststellen, daß es in der Tat zum größten Teil jeder Mensch *selbst* ist, der über seine Zeit verfügen und bestimmen kann. Hier gilt es aber, einige Verhaltensweisen und Einstellungen zu überprüfen und gegebenenfalls zu verändern; so „tappen" wir mitunter in sogenannte „psychologische Zeitfallen". Auf einige möchten wir näher eingehen:

Zeitfalle Nr. 1: Zeit muß nützlich verbracht werden!

Diese Aussage haben die meisten von uns schon sehr früh gelernt. Sie bedeutet fatalerweise, daß der Mensch auch in Ruhezeiten, in denen er sich einmal ganz und gar nach Lust und Laune „gehen lassen" und seine „Seele baumeln lassen" könnte, nach „nützlicher" Beschäftigung sucht. Aus dieser verinnerlichten Aussage resultiert auch der sogenannte „Freizeitstreß". Vielen Menschen gelingt daher auch ein „Sich-gehen-lassen" allenfalls in der offiziellen, sprich „erlaubten" Urlaubszeit – und manchen gelingt es nicht einmal dort. Sie schleppen Akten und ihren Laptop mit in den Urlaub, um auch dort ein „nützliches" Mitglied der Gesellschaft zu sein und ihren „Pflichten" Genüge zu tun. Die vielfache Folge: Sie haben – sofern sie die Akten nicht (genügend) anrühren – jeden Tag ein schlechtes Gewissen, weil sie eben ihre Zeit nicht „nützlich" verbracht zu haben glauben.

Ein weiteres Beispiel: Beobachten Sie einmal Patienten in einem Wartezimmer. Sie haben meist noch nicht einmal Platz genommen, greifen aber zuvor schon nach irgendeiner, oft uninteressanten, uralten Zeitschrift, in der sie dann blättern, oft ohne zu lesen.

Fazit: Gönnen Sie sich Ihre persönlichen Freiräume, ohne Verpflichtungen und schlechtes Gewissen, nur für sich selbst. Sie haben ein Recht darauf!

Zeitfalle Nr. 2: Gleich fangen wir an!

Diese Zeitfalle ist vergleichbar mit dem schon erwähnten „Unfinished Business", den unerledigten Aufgaben unseres Lebens. Obgleich wir Wichtiges zu tun haben und dies auch wissen, schieben wir diese Dinge vor uns her. Warum? Meistens sind uns diese Aufgaben lästig und unbequem, sie sind häufig mit größerem Aufwand verbunden, und sie kosten vielleicht größere Überwindung. Das Fatale an dieser Zeitfalle: Wir „schleppen" den Ballast dieser wichtigen Aufgabe mit uns herum und sind möglicherweise für andere Dinge „wie gelähmt", weil uns das Wissen um die zu erledigende Aufgabe belastet!

Wenn wir uns dann aber durchgerungen haben, die Aufgabe endlich zu bewältigen, fällt es uns meist erheblich leichter, als wir dachten, und wir fühlen uns danach befreit und entlastet.

Fazit: Erledigen Sie, wo immer möglich, Ihr „Unfinished Business" so schnell wie möglich, am besten sofort!

Zeitfalle Nr. 3: Die Unfähigkeit, nein zu sagen!

Diese Zeitfalle ist für viele Menschen ein großes Problem. Weil man ja nicht „anecken" will, die eigene Karriere vor Augen hat oder andere „nicht vor den Kopf stoßen" will, kommt ein klares Nein – selbst bei erheblicher Überbelastung – nur sehr schwer, wenn überhaupt, über die Lippen. Menschen, die unter dieser Zeitfalle leiden, sind oft (zu) gutmütig oder auch angepaßt, und sie werden nicht selten von anderen ausgenutzt. Zugegeben, es ist nicht leicht, auch einmal nein zu sagen, aber es ist notwendig, um sich nicht völlig auslaugen zu lassen.

Fazit: Lernen Sie zu Ihrem eigenen Schutz, auch einmal ein freundliches, aber klares Nein zu sagen!

Zeitfalle Nr. 4: Die Sehnsucht, frei zu sein!

Menschen planen nicht gerne, wenn sie den Nutzen einer sinnvollen Planung noch nicht erkannt haben. Denn Planen heißt: sich festzulegen, sich zeitlich auf bestimmte Ziele hin zu „programmieren" und einzuteilen. Planung wird dann – natürlich fälschlicherweise – als Zwang erlebt; der Mensch fühlt sich „unfrei".

Ein Beispiel:

Ein Student hat sechs Monate Zeit für seine Studienarbeit, ein faires und großes Zeitbudget. Würde er nun diese sechs Monate sinnvoll für die verschiedenen Schritte und Kapitel seiner Arbeit einteilen, also sinnvoll planen, käme er ohne irgendeinen zeitlichen oder psychischen Druck sehr gut zurecht. Da er aber (oft unbewußt) „frei" sein will, plant er eben nicht, denn er hat ja noch so viel Zeit! Die vielen bekannte Folge: ein chaotisches, hektisches Arbeiten bis in die Nacht hinein, meist kurz vor „Toresschluß".

Fazit: Planen Sie sinnvoll und überschaubar Ihre Aufgaben, Vorhaben und Ziele, und zwar so, daß Ihnen genügend Freiräume bleiben!

Zeitfalle Nr. 5: Die Klecker-Zeiten

Mit den „Klecker-Zeiten" sind diejenigen Zeiträume gemeint, die wir entweder nicht objektiv wahrnehmen (unser Zeitsinn „tickt" anders als die Uhr!) oder von denen wir annehmen, es lohne sich nicht, sie zu nutzen. Solche „Klecker-Zeiten" sind „Nebenbeschäftigungen" wie das Durchblättern von Illustrierten, Tagträumen, die plötzliche Beschäftigung mit aufgabenfremden Vorgängen, Small talk am Telefon. Wir bemerken hierbei nicht, wieviel Zeit wir tatsächlich damit verbracht haben! Andererseits sind „Klecker-Zeiten" auch solche, die scheinbar nicht mehr sinnvoll genutzt werden können und deshalb mit Nebensächlichkeiten überbrückt werden.

Beispiel:

Zwanzig Minuten vor der Mittagspause wird ein Vorgang abgeschlossen. Es lohnt sich nicht mehr, die verbleibenden zwanzig Minuten für eine neue Aufgabe zu nutzen! Tatsächlich addieren sich solche „Klecker-Zeiten" über einen Tag gerechnet zu einer beachtlichen Summe auf, die wir nicht unterschätzen dürfen.

Hierzu eine kurze Berechnung: Wenn wir an jedem Arbeitstag eines Jahres nur eine Stunde mit „Klecker-Zeiten" verbringen, so sind dies bei einem Acht-Stunden-Tag hochgerechnet fast 30 (in Worten: dreißig) Tage pro Jahr unseres Berufslebens.

Fazit: Seien Sie sich Ihrer „Klecker-Zeiten" bewußt, vermeiden Sie sie möglichst, und nutzen Sie sie für Sinnvolleres!

Es gibt noch mehr dieser psychologischen Zeitfallen, und an dieser Stelle wollen wir nur die uns wesentlich erscheinenden und auffälligsten aufführen. Ehe wir uns jedoch mit der Möglichkeit einer sinnvollen Zeitplanung beschäftigen, lassen Sie uns einen Blick auf die zu bewältigenden Aufgaben des Lebens werfen.

Die ABC-Analyse von Aufgaben

Wissen Sie eigentlich genau, was Sie tun? Und wie Sie es tun? Sind Sie sich der Prioritäten von Aufgaben bewußt, und wissen Sie auch, wieviel Zeit Sie mit den einzelnen Aufgaben verbringen? Wie sinnvoll Sie mit der Ihnen zur Verfügung stehenden Zeit umgehen?

Diese Fragen haben wir vielen Menschen in ihrer Berufspraxis gestellt, und tatsächlich fällt vielen die konkrete Beantwortung schwer. Hier lohnt es sich in hohem Maße, sich mit der sogenannten ABC-Analyse von Aufgaben im Dateil auseinanderzusetzen. Zur Erläuterung die folgende Grafik:

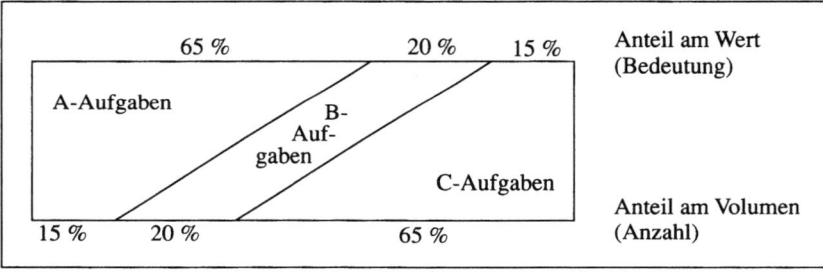

ABC-Analyse

Die ABC-Analyse von Aufgaben unterscheidet zwischen dem *Anteil am Volumen (Anzahl)*, die die einzelnen Aufgaben im „Gesamtkatalog" einnehmen (Frage: Wie *häufig* kommen sie vor?) und dem *Anteil am Wert (Bedeutung)*, den die Aufgaben zur Zielerfüllung beitragen (Frage: Wie *wichtig* sind sie?).

Untersuchungen bei Führungskräften haben dabei folgende Gewichtung ergeben:

1. Ein nur relativ kleiner Teil des gesamten *Aufgabenvolumens* (ca. 15 Prozent) ist dem *Wert* aller Aufgaben nach äußerst hoch anzusiedeln (ca. 65 Prozent)! Diese Art von Aufgaben werden als *A-Aufgaben* bezeichnet.

2. Die weniger wichtigen bis unwichtigen Aufgaben nehmen von ihrem *Volumen* her äußerst viel des Aufgabenkataloges in Anspruch (ca. 65 Prozent), wobei sie im Hinblick auf ihren *Wert* sehr gering einzuschät-

zen sind (ca. 15 Prozent). Diese Aufgaben nennt man *C-Aufgaben*. Sie sind oft die großen „Störenfriede" unserer Arbeit, und wir werden uns noch mit ihnen zu beschäftigen haben.

3. Zwischen diesen beiden Aufgabenarten liegt eine dritte, die von ihrem *Wert* und ihrem *Volumen* her annähernd in gleiche Teile zerfällt (ca. 20 Prozent Volumen und 20 Prozent Wert). Diese Aufgaben werden *B-Aufgaben* genannt.

Es liegt auf der Hand, daß für die A-Aufgaben die meiste Zeit (nämlich idealerweise ebenfalls 65 Prozent) eingeplant werden müßte und die C-Aufgaben mit möglichst wenig Zeit (maximal 15 Prozent) „bedient" werden sollten. Dies ist deshalb logisch, weil es ja die A-Aufgaben sind, die in ihrer Wertigkeit die höchste Priorität einnehmen. B-Aufgaben schließlich sollten nach diesem Modell einen Zeitbedarf von ca. 20 Prozent erfahren.

Wie aber sieht nun die Praxis aus?

Wir stellen immer wieder fest, daß den C-Aufgaben viel zuviel Zeit gewidmet wird bzw. auch oft gewidmet werden muß und daß die A-Aufgaben darüber oft erheblich zu kurz kommen. Dies hat verschiedene Ursachen: Zum einen sind die C-Aufgaben oft das Tagesgeschäft schlechthin, sie müssen „abgearbeitet" werden, sind oft terminlich bedingt, und diese sind in der Regel meßbar. Zum anderen sind A-Aufgaben oft langfristiger Natur, sie sind häufig nicht unmittelbar „meßbar", und sie sind meist „anstrengend" und „unbequem", da sie von ihrem Wert her besonders tiefgreifende Entscheidungen und Konsequenzen verlangen. Die dazwischenliegenden B-Aufgaben bedürfen einer individuellen Betrachtung und sollen an dieser Stelle einmal zunächst unberücksichtigt bleiben. Wir behaupten, daß aufgrund des hier beschriebenen Sachverhaltes A-Aufgaben zum Teil derart vernachlässigt werden, daß ganze Betriebe darüber in den Konkurs gerieten, weil plötzlich langfristige Strategien fehlten, der Markt „davongelaufen" war oder die Mitarbeiterqualifikation und -motivation nicht mehr „stimmten"! Zahlreiche Beispiele aus der Wirtschaft können dies belegen.

Was ist zu tun – und was können Sie tun?

Damit Ihnen auch dieses Kapitel möglichst eine konkrete Hilfe ist, schlagen wir Ihnen vor, zunächst einmal Ihre eigene ABC-Analyse durchzuführen.

1. Schritt:
Listen Sie einmal alle Aufgaben auf, die Sie zu erledigen haben und die Sie darüber hinaus erledigen wollen. Vergessen Sie hierbei möglichst kein Aufgabenfeld, auch keines, das Sie vielleicht in der Vergangenheit vernachlässigt haben (zum Beispiel eigene Weiterbildung, Mitarbeitergespräche o. ä.).

2. Schritt:
Befinden Sie zu jeder einzelnen Aufgabe, ob es sich (dem Wert nach) um eine A-, B- oder C-Aufgabe handelt. Bedenken Sie bitte hierbei, daß eine Aufgabe auch dann eine C-Aufgabe sein kann, wenn Sie sie selber erledigen müssen. Fassen Sie hierbei Einzelaufgaben möglichst in kleineren Blöcken zusammen. Kennzeichnen Sie so alle Ihre Aufgaben nach A, B oder C.

3. Schritt:
Ordnen Sie Ihre Aufgaben neu: an oberster Stelle alle A-Aufgaben, dazwischen B-Aufgaben und zuunterst alle C-Aufgaben. Wie sieht jetzt die prozentuale Verteilung aus? Stimmt sie in etwa mit unserem Modell überein, oder haben Sie zuviele C- oder B-Aufgaben als A-Aufgaben gewertet? Dann denken Sie noch einmal über den tatsächlichen Wert nach.

4. Schritt:
Versuchen Sie hochzuschätzen, wieviel Zeit Sie für die einzelnen Aufgaben verbrauchen. Am besten rechnen Sie hier auf ein Jahr hoch (die Formel: 1 Stunde/Tag = 30 Tage/Jahr, oder: 10 Minuten/Tag = 5 Tage/Jahr kann hierbei hilfreich sein).

5. Schritt:
Addieren Sie nun sämtliche geschätzten Zeiten, die Sie insgesamt für Ihre Aufgaben im Jahr benötigen. Das Jahr hat durchschnittlich 250 Arbeitstage. Wie hoch ist Ihre errechnete Zahl?

6. Schritt:
Beantworten Sie für sich die folgenden Fragen:
- Ist die von Ihnen gefundene Summe größer als 250 Arbeitstage?
- Wenn ja, wie haben Sie die Situation bisher gelöst (zum Beispiel durch Überstunden)?
- Wenn Sie sich auf die Wertigkeit der Aufgaben besinnen: Bei welchen verbrauchen Sie Ihrer Meinung nach zuviel Zeit?

- Und bei welchen Aufgaben verbrauchen/investieren Sie unter Umständen zuwenig Zeit?
- Was können Sie darüber hinaus noch aus Ihrer Analyse entnehmen, was für Sie von Bedeutung erscheint?

7. Schritt:
Wählen Sie all diejenigen Aufgaben aus, die Ihrer Meinung nach deutlich zu kurz kommen und für die Sie auf jeden Fall mehr Zeit investieren müssen und wollen (meist sind dies A-Aufgaben).

Rechnen Sie für diese Aufgaben hoch, wieviel Zeit Sie idealerweise dafür benötigen. Diese Zeit ist diejenige, die Sie woanders einsparen müssen, sofern dies machbar ist und Sie nicht (noch) mehr arbeiten wollen!

8. Schritt:
Nehmen Sie sich jetzt diejenigen Aufgaben vor, bei denen Sie zuviel Zeit investieren (dies sind meist und folgerichtig C-Aufgaben), und verfolgen Sie aufmerksam die folgenden „Tips und Hinweise zur konsequenten Reduzierung von C-Aufgaben".

Handeln Sie danach, wo immer es Ihnen machbar und sinnvoll erscheint, damit Sie die notwendigen Freiräume für Wichtigeres schaffen können.

Tips und Hinweise zur konsequenten Reduzierung von C-Aufgaben

Hier bieten wir Ihnen einige praktische und bewährte Tips zur konsequenten Reduzierung von C-Aufgaben, denn diese sind es ja wohl, die uns das Leben schwermachen:

– Konsequent delegieren und keine Rückdelegation zulassen!

Vorausgesetzt, Sie haben genügend Personal, so sollten Sie für sich die Frage beantworten, wo und bei wem Sie noch konsequenter Aufgaben und Verantwortung delegieren können. Sollten Sie das Gefühl haben, daß Ihre Mitarbeiter für die Übernahme der Aufgabe nicht genügend qualifiziert sind, so machen Sie schnellstmöglich eine A-Aufgabe daraus, Ihre Mitarbeiter dafür zu qualifizieren, auch wenn dies zunächst eine zusätzliche zeitliche Investition bedeutet.

Lassen Sie nach Möglichkeit keine Rückdelegation zu (die Mitarbeiter und andere Kolleginnen und Kollegen bringen Ihnen die eigentlich durch sie zu lösenden Probleme zurück), sondern versuchen Sie, die Mitarbeiter zu eigenen Entscheidungen und Problemlösungen zu qualifizieren. Das Motto könnte hier lauten: „Don't bring me problems – bring me solutions!"

Und sollte doch einmal wieder jemand mit einem Problem zu Ihnen kommen, lohnt oft die Frage: „Was schlagen Sie denn vor?"

– Planen Sie möglichst langfristig!

Versuchen Sie, neben den allgemeinen, bereits feststehenden Terminen auch und gerade die Dinge langfristig zu planen, die Ihren persönlichen Zielen und Vorhaben dienen. So „funktioniert" eine Lebensplanung ja auch nur dann, wenn sie frühzeitig genug und langfristig geplant wird. Genauso ist es mit beruflichen Zielen und Vorhaben. Hier sind entsprechend geeignete Jahres-, Monats-, Wochen- und Tagespläne von großer Bedeutung. Eventuell schaffen Sie sich ein gutes Zeitplanbuch an, das in seiner Systematik sehr hilfreich sein kann. Und haben Sie den Mut, eine Planung auch einmal zu korrigieren!

Ein sehr hilfreicher Planungs-Tip für ein schönes, genußvolles Wochenende: Nutzen Sie konsequent die letzte Viertelstunde des Freitags, und planen Sie die nächste Woche möglichst detailliert vor. Machen Sie nicht den weit verbreiteten Fehler, den Arbeitsplatz „fluchtartig" zu verlassen – und somit ein Wochenende der Unzufriedenheit, Unruhe und Ungewißheit zu erleben, weil dann die Vorstellung an die nächste Woche innerlich Druck ausübt. Der Sonntag ist aus diesem Grunde bei vielen Menschenn einer der ungeliebtesten Tage. Sie werden sehen: Diese kleine zeitliche Investition von nur einer Viertelstunde überlegter Planungsarbeit wird erheblich dazu beitragen, daß Sie Ihr Wochenende genußvoll und von innerem Druck befreit erleben können.

– Machen Sie Analysen!

Was klappt gut, was weniger gut, was überhaupt nicht? Stellen Sie sich und Ihre Aufgaben – wie bereits bei der ABC-Analyse – öfter mal in Frage. Das bringt immer nützliche Erkenntnisse mit sich!

Vielleicht schreiben Sie konsequent über einen längeren Zeitraum auf, was Sie denn tatsächlich tun, und wie Sie die Zeit wirklich verbringen. Wenn Sie sich das Ergebnis dann in Ruhe anschauen und die Wertigkeit Ihrer Arbeit im Verhältnis zu der dazu verbrauchten Zeit setzen, werden Sie schnell sinnvolle und notwendige Veränderungen feststellen!

– Setzen Sie konsequent Prioritäten!

Fragen Sie sich bei möglichst allen Aufgaben: Ist dies eine A-, B- oder C-Aufgabe? Muß ich sie selbst erledigen, oder ist sie delegierbar? Und wenn ich sie tatsächlich selbst erledigen muß, muß dies sofort geschehen? Wo immer möglich, beginnen Sie stets mit der wichtigsten Aufgabe (A-Aufgabe)!

Henry Ford soll einmal einen Berater gefragt haben, wie er denn seine Arbeit besser erledigen könne. Und der Berater sagte zu ihm, er solle immer mit der wichtigsten Aufgabe beginnen und sie unbedingt vollständig zu Ende führen, bevor er mit der nächsten, dann wieder wichtigsten Aufgabe begänne. So toll sei der Tip ja nun auch wieder nicht, soll Henry Ford gesagt haben, und was der Berater denn nun für diesen Rat bekäme. Dieser soll erwidert haben, Henry Ford möge mit diesem Rat die nächsten Jahre leben, und selbst darüber befinden, ob und was ihm der Rat dann wohl wert sei. Henry Ford soll dem Berater bereits nach Ablauf des ersten Jahres einen Scheck über 100 000 Dollar geschickt haben.

– Setzen Sie konsequent Ziele!

Dieser Tip geht zwangsläufig aus den obigen Hinweisen hervor. Nur ein definiertes und dann auch erreichtes Ziel befriedigt und macht die ganze Arbeit überschaubar. Ein Ziel ist meist definiert in Quantität, Qualität und Zeit. Und wenn Ziele miteinander konsequent vereinbart werden, stellt sich der gewünschte Erfolg ein.

Selbst wenn es nicht immer die „ganz großen" Ziele sind: Auch kleine Teilziele tragen erheblich zum Selbstwertgefühl und zur Eigenmotivation bei! Setzen Sie sich als Experiment doch einmal jeden Tag ein Ziel, auch wenn es noch so klein ist. Wenn Sie es am Abend erreicht haben, werden Sie sich wohl und zufrieden fühlen.

– Prüfen und Ändern der Ablauforganisation!

Überprüfen Sie einmal Ihre Arbeitsabläufe und die Organisation. Das fängt schon mit Ihrem Arbeitsplatz an, zum Beispiel:

- Ist der Schreibtisch übersichtlich und ordentlich?
- Haben Sie alle Arbeitsmittel in der richtigen Position (Griffnähe)?
- Wie sehen Ihre Ablagesysteme aus (Übersichtlichkeit, Zugriffmöglichkeit etc.)?

- Was sollten Sie unbedingt einmal wegwerfen, weil Sie es sowieso nicht brauchen?
- Ist die Beleuchtung, die Belüftung, der Arbeitsplatz selbst (inkl. Bestuhlung) für Sie zufriedenstellend und bequem?
- Was sollten Sie ändern?

Prüfen Sie kritisch, wie die Arbeitsabläufe vom „Durchgang" her vonstatten gehen: Doppelarbeiten oder unnötige Tätigkeiten? Stimmen die Verteiler? Haben und bekommen Sie die jeweils richtigen Informationen zur richtigen Zeit? Bekommen Sie zuwenig oder zuviel Informationen? Welche Abos sollten Sie abbestellen, weil Sie sie sowieso nur selten lesen? Das sogenannte „E. V. A."-Prinzip kann zur Optimierung der Ablauforganisation hilfreich sein:

E = Eingang: Was benötige ich von wem, in welcher Form, wann?

V = Verarbeitung: Welche Prozesse und Methoden sind geeignet und effizient? Wie mache ich die Arbeit am besten?

A = Ausgang: Wohin, an wen, wie, wann und zu welchem Zweck gehen meine Arbeitsergebnisse?

Natürlich sind gesamthafte Ablauforganisationen in Betrieben wesentlich komplexer, als hier dargestellt werden kann. Meist sind für die sinnvolle Veränderung betrieblicher Organisationen und Arbeitsabläufe umfangreiche Analysen notwendig. Dennoch können Sie im kleinen Bereich für Effizienz sorgen.

– Keine „Sofortreaktion"!

Springen Sie nicht auf jeden neuen Vorgang sofort an, sofern er nicht tatsächlich Priorität A hat!

Viele Menschen neigen dazu, alles liegen und stehen zu lassen, sobald eine neue Situation eintritt, beispielsweise ein plötzliches Telefonat mit irgend einer Bitte oder Aufforderung; oder der Posteingang mit einem zu klärenden Brief. Eine solche „Sofortreaktion" hat zur Folge, daß Sie aus der gerade vorliegenden, oft wichtigen Denk- und Arbeitsleistung nicht nur herausgerissen werden, sondern sich später auch erst einmal wieder mühsam einarbeiten müssen.

Nehmen Sie besser die neue Situation zunächst nur zur Kenntnis, und bearbeiten Sie sie der Rangfolge nach zeitlich dann, wenn es gerechtfertigt ist. Häufig hilft hier schon die Frage an jemanden, der Sie um etwas bittet: „Bis wann benötigen Sie das denn?" Und meist ist es dann gar nicht mehr so dringend.

- **Ablage P konsequent nutzen!**

Scherzhaft steht hier das P für Papierkorb. Und in der Tat neigen die meisten dazu, zuviel zu sammeln, abzulegen, einzuordnen und aufzulisten, was sie nie wieder brauchen. Dieses oft unnötige Anhäufen von Papier geschieht nicht selten aus Absicherungsverhalten heraus. Haben Sie den Mut, unwichtige Dinge möglichst sofort wegzuwerfen!

- **Disziplin und Ruhe bewahren!**

Nichts ist so schädlich und unproduktiv wie Hetze, Unrast und falsch verstandene Dynamik. Wenn erst die sogenannte „Hin- und Herschiebetechnik" auf dem Schreibtisch begonnen hat, ist es vorbei mit prioritätsbezogenem Denken und Handeln. Machen Sie dann unbedingt eine sinnvolle Pause, und gehen Sie einmal bewußt gedanklich und körperlich weg von Ihrer Arbeit. Und wenn Sie „zurückkommen", machen Sie sich in aller Ruhe einen Plan nach Prioritäten, und beginnen Sie ohne Hektik mit dem Wichtigsten!

Ein chinesisches Sprichwort lautet: „Gehe lieber nach Hause und knüpfe ein Netz, bevor Du im Teich nach Fischen tauchst!"

- **Bündeln von Vorgängen!**

Speziell bei der unabdingbaren Bewältigung von C-Aufgaben (also solcher, die Sie tatsächlich selber erledigen müssen) hat es sich sehr bewährt, sie zu bündeln, also zusammenzulegen (zum Beispiel in einem Postkorb), um sie zu einem bestimmten Zeitpunkt Ihrer Wahl auf einmal und hintereinander weg zu bearbeiten, antstatt sich mit jeder C-Aufgabe einzeln zu beschäftigen. Das Bündeln spart erheblich Zeit und kann in einer entspannten Stimmung geschehen, da C-Aufgaben ja nicht so wichtig sind.

- **Hilfsmittel sinnvoll nutzen!**

Die modernen Mittel der Bürotechnik und Kommunikation können in vielen Fällen noch wesentlich sinnvoller und konsequenter genutzt werden. So ist beispielsweise das schnelle Diktieren auf Band trainierbar; auch die Datenverarbeitung sollte auf Sinn und Nutzen hin einmal überprüft werden. Ein einfaches Mittel für ein funktionierendes Wiedervorlagesystem ist zum Beispiel ein schlichter Vorordner mit zwölf Fächern (für das Jahr) und einer mit 31 Fächern für den Monat. Vorgänge, konsequent dort eingeordnet, werden nicht vergessen, brauchen nirgendwo sonst notiert zu werden und – was das Wesentliche ist – sind „aus den Augen und aus dem Sinn". So sehen (!) wir sie nicht täglich als irgendeinen Stapel unüberschaubarer und „beängstigender" Größe auf oder neben dem Schreibtisch.

In diesem Zusammenhang sei noch erwähnt: Vermeiden Sie möglichst eine „Zettelwirtschaft". Sie ist meist nicht nur völlig unübersichtlich, sondern auch allein schon wegen der optischen Unruhe störend. Darüber hinaus ist sie auch nicht ganz ungefährlich, weil sie das Setzen von Prioritäten erheblich einschränken kann.

– **Begonnene Arbeiten erledigen!**

Versuchen Sie, begonnene Arbeiten abzuschließen und komplett zu erledigen, anstatt sie beispielsweise am Feierabend unterbrochen liegen zu lassen. Es ist wesentlich sinnvoller, zusätzlich eine überschaubare Zeit zur Beendigung der Arbeit zu investieren. Eine Arbeit „an einem Stück" abzuschließen ist effizienter und wesentlich befriedigender, als sie zu „zerreißen" und sich jedesmal wieder neu hineindenken zu müssen!

– **Unwichtiges liegenlassen!**

Lassen Sie Unwichtiges ruhig einmal liegen, sofern andere Menschen keinen Nachteil davon haben. Sie wissen ja: Vieles erledigt sich von selbst!

– **Angstfrei Risiken tragen!**

Wenn Sie der Meinung sind, eine sinnvolle und richtige Entscheidung getroffen zu haben, stehen Sie dazu, und tragen Sie angstfrei das Risiko. Einmal eine falsche Entscheidung getroffen zu haben ist keine Schande, sondern immer noch besser, als gar keine zu treffen.

– **Im Hier und Jetzt arbeiten!**

Diese so wichtige Fähigkeit, die zu erledigenden Dinge tatsächlich im Hier und Jetzt zu bearbeiten und sich voll und ganz nur auf diese zu konzentrieren, fällt vielen Menschen nicht leicht. Woran liegt das? Wir sprechen hier von dem sogenannten „Berg-Syndrom", das auch in einem hohen Maße zum Burnout beitragen kann.

Vom Umgang mit sich selbst und anderen 157

Obwohl sich ein Mensch im Hier und Jetzt befindet und sich mit dem momentan Erlebten konzentriert auseinandersetzen könnte, sind seine Gedanken häufig woanders, vielleicht in die nähere Zukunft gerichtet. So denkt er möglicherweise während einer wichtigen Verhandlung schon an den nächsten Termin und den möglichen Autostau, der diesen Termin gefährden könnte. Oder er sieht die Menge der noch zu erledigenden Aufgaben und beschäftigt sich nur oberflächlich – und damit ineffizient – mit dem momentan vorliegenden Vorgang. Oder er kann nicht einschlafen, weil ihn der nächste Tag beschäftigt.

Das „Berg-Syndrom" ist also eine beunruhigende Vorstellung von dem, was in der Zukunft auf uns zukommt. Wie einen „Berg" sehen wir die noch zu erledigenden Dinge oder das, was unter Umständen passieren könnte, vor uns. Das „Berg-Syndrom" ist bei vielen sehr unterschiedlich ausgeprägt. Menschen, die stark darunter leiden, können oft das Hier und Jetzt kaum noch konzentriert erleben – geschweige denn genießen (zum Beispiel den Sonntagnachmittag oder die letzten Urlaubstage).

Versuchen Sie, sofern Sie das „Berg-Syndrom" betrifft, sich dreierlei Vorstellungen zu machen:

1. Wandeln Sie den vor Ihnen liegenden Berg in eine Treppe um, indem Sie die anstehenden Dinge so konsequent und konkret wie möglich, Schritt für Schritt, planen! Je detaillierter Sie das tun, desto eher wird der Berg für Sie überschau- und überwindbar.

2. Denken Sie intensiv über all die Situationen nach, bei denen Sie das „Berg-Syndrom" ebenfalls verspürt hatten, die Sie aber ohne wirklich größere Probleme meistern konnten. Stellen Sie sich das „Gebirge" vor, das Sie bereits hinter sich gelassen haben, und schauen Sie nun auf den mit einer Treppe ausgestatteten Hügel vor sich! Ist es Ihnen möglich, diesen Hügel nunmehr in einem etwas anderen Licht und weniger beängstigend zu sehen?

3. Wenn es Ihnen gelingt, Ihren Berg – wie oben vorgeschlagen – zu relativieren und ihm die Bedrohung zu nehmen, konzentrieren Sie sich nur und ausschließlich auf das, was Sie gerade tun! Genießen Sie das Hier und Jetzt, und spüren Sie der plötzlich so massiv vergrößerten Energie und Effizienz Ihres Tuns nach. Erleben Sie, wie Ihre Tätigkeiten und Aufgaben um ein Vielfaches erfolgreicher, um wieviel sicherer

plötzlich Ihre Verhandlungen und Gespräche werden. Und wenn Sie eine Aufgabe in diesem begeisternden und erfolgreichen Sinne abgeschlossen haben, gehen Sie nicht sofort zur nächsten über, sondern genießen Sie das Erreichte in vollen Zügen! Oder anders ausgedrückt: „Tue, was Du tust!"

Hinweise zur Vorbeugung und Überwindung des Burnout

Individueller Maßnahmenkatalog

Bestimmt werden Sie beim Lesen dieses Buches auf eine Vielzahl von Möglichkeiten und Anregungen gestoßen sein, mit denen Sie Ihre Lebenssituation verbessern können. Damit dies nicht nur ein Wunsch bleibt, sondern konkret in Ihrem Alltag umgesetzt werden kann, bietet es sich als handfeste Hilfe an, einen auf Ihre persönlichen Ziele hin gerichteten „individuellen Maßnahmenkatalog" zu erstellen. Damit dieser Verbindlichkeit und „Einlösecharakter" bekommt, sollten Sie Ihren „Katalog" wie einen „Vertrag mit sich selbst" formulieren. Das Muster auf der gegenüberliegenden Seite dient als Beispiel für einen möglichen „Vertragstext".

Egal, ob Sie dieser Vorlage folgen oder eine andere Form wählen, wichtig ist:

1. Sie sollten eine Verbindlichkeit formulieren.
2. Sie sollten durchaus auch mehr als sechs Ziele festhalten, die im Sinne der Direktziele (siehe hierzu „Die bewußt auf Änderung abzielende Aktivität") in naher Zukunft real erreichbar sind (Zeitangaben/Fristen).
3. Der Weg zum Ziel muß kontrollierbar sein, um die Fortschritte eindeutig registrieren zu können.
4. Wenn sich wider Erwarten kein Erfolg einstellt, sollten Sie eine Selbstverpflichtung niederlegen, die Ihnen weiterhilft („Was tue ich, wenn ich dabei sein sollte, die Flinte ins Korn zu werfen?").

Neben Ihren persönlichen Möglichkeiten, sich individuell ein Instrumentarium des Kontrollierens zu schaffen (s. o.), wollen wir Ihnen als Anregung einige Beispiele geben:
– Notieren Sie täglich Ihre Schritte in einem Tagebuch.
– Sprechen Sie regelmäßig mit Ihrer Familie oder Freunden über den Fortgang Ihrer Bemühungen. Erzählen Sie ihnen von Ihrem „Vertrag" und daß Sie häufiger mit ihnen darüber sprechen möchten. Auf diese Weise bekommt Ihr Vorhaben noch eine besondere Verbindlichkeit, da andere zum Kontrollieren mit einbezogen werden.

Mein persönlicher Änderungsvertrag

Heute, am _____ schließe ich, _____ , folgenden

Vertrag mit mir selbst

Für meine Zukunft stelle ich mir folgende Ziele auf:

1. _____
2. _____
3. _____
4. _____
5. _____
6. _____

Ich weiß, daß ich für jedes Ziel arbeiten muß und daß es unterschiedliche Zeiten geben wird, die oben formulierten Ziele zu erreichen. Deshalb setze ich mir die folgenden Fristen:

Für Ziel 1:   Für Ziel 2:   Für Ziel 3:
Für Ziel 4:   Für Ziel 5:   Für Ziel 6:

Wie will ich diese Ziele kontrollieren?

Ich weiß, daß ich nur dann kontrollieren kann, ob ich auf dem richtigen Weg bin, wenn ich alle (auch kleine) Schritte sehr sorgfältig registriere.
Ich nehme mir deshalb folgendes vor:

_____

_____

Wenn es mal schwierig wird oder ich dabei bin, „die Flinte ins Korn zu werfen", werde ich folgendes tun:

_____

_____

Wenn ich diesen Vertrag mit mir selbst unterschreibe, bin ich an diesen wie an einen Geschäftsvertrag gebunden. Ich weiß, daß nur die strikte Einhaltung der von mir gesetzten Punkte meinen persönlichen Erfolg bewirken kann.

_____   _____
Ort, Datum   Unterschrift

- Machen Sie sich eine „Erfolgsstrichliste", und hängen Sie diese sichtbar irgendwo auf; belohnen Sie sich selbst mit einer persönlichen Freude, beispielsweise wenn zehn Striche erreicht sind.
- Bitten Sie eine gute Freundin oder einen engen Freund, Sie in bestimmten Abständen anzurufen, um nach dem Fortgang Ihrer Bemühungen zu fragen.
- Notieren Sie parallel zu den Schritten, die Sie auf Ihre Ziele hin machen, Ihr Wohlbefinden, etwa in einer Art Diagramm:

Datum Bewertung	1.1.	2.1.	3.1.	4.1.	5.1.	6.1.	7.1.	usw.
Sehr gut								
Gut								
Mittelmäßig								
Schlecht								

Kreuzen Sie jeweils abends Ihre „Grundstimmung" für das betreffende Datum an, und verbinden Sie später die von Ihnen gesetzten Kreuzchen zu einer Art „Bilanzkurve".

In diesem Zusammenhang ist es übrigens sehr aufschlußreich, die in den vorangegangenen Kapiteln aufgeführten Tests (Selbsteinschäützung, Fragebögen, Befindlichkeitstest, Umfeldanalyse u. a.) in Abständen zu wiederholen, um vergleichend den eigenen Prozeß zu verfolgen.

Je klarer und konkreter (auch für Sie selbst verbindlicher) Ihr „individueller Maßnahmenkatalog" aussieht, um so eher werden Sie die von Ihnen gesetzten Ziele erreichen, vor allem dann, wenn Sie geduldig und beharrlich über eine längere Zeitspanne hinweg Ihre Intentionen verfolgen und diese für sich selbst immer wieder in den kleinen Schritten „nach vorne" kontrollieren.

Unterstützen können Sie Ihre Bemühungen zusätzlich durch weitere hilfreiche Anregungen, die wir Ihnen im folgenden gerne anbieten.

Unterstützende Vorschläge zur praktischen Anwendung

Wer seinen individuellen Maßnahmenkatalog konsequent verfolgen möchte, braucht außer seiner „bewußt auf Änderung abzielenden Aktivität" (siehe Seite 56) auch ein Umfeld und eine Atmosphäre, vor allem aber eine innere Einstellung, die das Bemühen um die persönlichen Schritte positiv unterstützen und beeinflussen.

Worauf es ankommt, ist, sich mit Hilfe bestimmter Techniken oder Übungen auf den Tag einzustimmen beziehungsweise im Tagesablauf selbst Möglichkeiten bereit zu haben, sich zu entspannen, Ruhe und neue Kraft zu tanken, um mit Gelassenheit private und berufliche Belange angehen zu können.

Von daher verstehen sich die folgenden Anregungen keineswegs nur als bloße Rahmenergänzung für Ihren persönlichen Zielekatalog, sondern sind, auch für sich alleingenommen, eine grundlegend wertvolle Hilfe, um Grundstimmung und Wohlbefinden wesentlich zu verbessern und dadurch dem Ausbrennen eine positive Energie entgegenzusetzen.

Neben der Vielzahl von Tips, die in diesem Zusammenhang hilfreich sind, haben wir bei einer sehr begrenzten Auswahl vor allem auf zwei Dinge Wert gelegt:

1. Übungen, die ohne großen Zeitaufwand und ohne lange Vorbereitung möglichst direkt praktikabel sind.
2. Maßnahmen, die längerfristige Planung und zeitliche Anbindung erforderlich machen.

Am Schluß des Kapitels stellen wir noch einmal alle genannten Möglichkeiten in einer Liste zusammen, aus der Sie, ganz nach individuellem Bedürfnis, Ihre Übungskombinationen auswählen können. Bitte bedenken Sie hierbei, daß jede einzelne Maßnahme oder eine Kombination von Maßnahmen nicht gleich beim ersten Mal zu vollem Erfolg führen kann. Wie für die Anregungen gilt auch hier, daß ein mehrfaches Probieren, sozusagen ein „Einüben der Übungen", in den meisten Fällen erforderlich ist.

Haben Sie auch hier ein wenig Geduld mit sich selbst, und machen Sie sich in mehrfachen Versuchen mit den Anregungen vertraut, bis sie zu einem fast selbstverständlichen Repertoire Ihres Alltags gehören.

Sehr hilfreich kann hierbei sein, die Übungen auch als Ziele in den „Vertrag mit sich selbst" aufzunehmen, etwa indem Sie eine bestimmte Übung mit dem Ziel der täglichen Durchführung verbinden. Kontrollieren können Sie Ihre tägliche Bemühung beispielsweise mit der Strichliste oder Ihrem Tagebuch, in das Sie Erfahrungen mit der jeweiligen Übung eintragen.

Beispiel:
Ziel: tägliche Meditation
Frist: ab sofort für vorerst 14 Tage
Kontrolle: a) Strichliste
b) Tagebuch
(Bilder, Eindrücke, Erfahrungen, ...)

Auf diese Weise können Sie zunächst mit den Übungen experimentieren und sich die Techniken heraussuchen, die Ihnen am hilfreichsten erscheinen. Eine neue Zielvereinbarung mit sich selbst sollte dann zum Beispiel im Sinne von „Das mache ich jetzt immer ..." erfolgen.

Wie schon erwähnt, sollen Ihnen unsere Anregungen dabei helfen, sich positiv auf den Tag einzustimmen, andere eignen sich dazu, im Verlauf des Tages oder kurz vor dem Schlafengehen eingesetzt zu werden.

Stellen Sie sich nun vor, Sie sind morgens aufgewacht. Was tun Sie, oder was haben Sie bisher getan?

Vielleicht treiben Sie Morgengymnastik oder gehen noch vor dem Frühstück Joggen? Aber stellen Sie sich auch mental (beispielsweise durch selbstbeeinflussende Techniken) positiv auf den kommenden Tag ein?

Hierzu einige sehr leichte, ohne Zeitaufwand durchführbare Tips:

Der morgendliche Vorgedanke

Schließen Sie nach dem Aufwachen noch einmal die Augen. Sagen Sie (leise oder laut) mehrfach zu sich: „Dies wird ein guter Tag. Ich werde zu jedem freundlich sein." Natürlich können Sie Ihre eigenen Formulierungen finden; wichtig ist nur, daß die Formulierung des Vorgedankens für längere Zeit stets die gleiche bleibt, um tatsächlich Wirkung zu erzielen. Unterstützend hierbei wirkt eine ruhige, angenehme Musik.

Ihr Spiegelbild

Sie gehen morgens ins Bad und schauen in den Spiegel. Sagen Sie Ihrem Spiegelbild laut und deutlich: „Guten Morgen. Ich wünsche Dir einen schönen Tag." Oder auch: „Hallo, da bist Du ja! Ich mag Dich." Hilfreich als Unterstützung: Schreiben Sie zum Beispiel den letzten Satz mit Lippenstift auf den Spiegel: „Ich mag Dich!" Immer wenn Sie in Ihren Spiegel sehen, bekommen Sie eine Rückmeldung.

Joggen mit Mantra

Wenn Sie bisher schon joggen, dann ist Ihnen bestimmt nach einer Weile des Laufens aufgefallen, daß der Laufrhythmus wie automatisiert abläuft. Sie sind ganz in der Bewegung aufgegangen und konzentriert. Geben Sie sich in diesem Moment Ihre persönliche, dem Rhythmus des Laufens angepaßte Eigensuggestion, zum Beispiel: „Das schaffe ich ..., das schaffe ich ...", und verbinden Sie Laufrhythmus und (laute oder leise) Formulierungen solange, bis Sie das Joggen wieder beenden.

Imprägnieren

So, wie wir unseren Schirm oder Regenmantel gegen Nässe imprägnieren, so können wir auch versuchen, uns selbst gegen Störfaktoren von außen abzuschirmen.

Hierzu bedarf es einer gewissen Portion Vorstellungskraft und Training. Ohne zusätzlichen Zeitaufwand eignet sich die morgendliche Dusche (aber auch ein Bad): Stellen Sie sich während Sie duschen (oder baden) so bildhaft wie möglich vor, daß das Wasser alle Sorgen und Unruhe von Ihnen ablöst. Genießen Sie eine Zeitlang dieses Gefühl, dann gehen Sie dazu über, sich vorzustellen, daß Ihnen das Wasser einen „Schutzmantel" umlegt, der Sie vor Streß oder Ängsten schützt, der Ihnen Kraft verleiht, den Herausforderungen des Tages gelassen zu begegnen.

Natürlich kann diese Technik auch am Abend praktiziert werden: Alle Probleme des Tages werden „abgespült", das Wasser gibt Ruhe und Kraft für einen erholsamen Schlaf. Wichtig hierbei: Finden Sie Ihre individuellen Formulierungen!

Freischütteln und/oder Abschütteln

Beginnen Sie ihren Tag mit einer „Schüttelübung": Suchen Sie sich eine möglichst rhythmische Musik aus, und versetzen Sie Ihren ganzen Körper in eine Art Schüttelbewegung zur Musik. Bleiben Sie hierbei auf der Stelle stehen, und geben Sie sich etwa folgende gedankliche Hilfestellung: „Ich schüttele mich ganz frei. Ich werde ganz locker in diesen Tag gehen. Alles, was mich belastet und wovor ich Angst haben könnte, schüttele ich ab ...". Haben Sie diese Übung ca. fünf bis zehn Minuten durchgehalten, ist es hilfreich, sich jetzt ganz frei und ungezwungen zur Musik zu bewegen. Diese Übung können Sie natürlich auch zu anderen Tageszeiten einsetzen, zum Beispiel nach einem anstrengenden Arbeitstag.

Hier könnte Ihre gedankliche Hilfestellung vielleicht so aussehen: „Ich schüttele alles ab, was mich heute belastet hat. Ärger und Sorgen fallen jetzt von mir ab. Ich schüttele mich frei und gehe fröhlich und gelockert in einen geruhsamen Feierabend ...". Und auch hier: nach dem Schütteln das Freitanzen nicht vergessen!

Isometrische Übungen

Mit Hilfe dieses Trainings verschaffen Sie sich und Ihrem Organismus eine Balance zwischen Anspannung und Entspannung. Angewandt werden können Übungen aus dem isometrischen Training schon morgens nach dem Aufstehen, aber ebenso auch den ganzen Tag über. Selbst während der Arbeitszeit ist es kein Problem, die folgenden Anregungen zu praktizieren: Versuchen Sie, gedanklich Ihren Körper von den Zehen bis zum Scheitel „durchzugehen", und spannen Sie nun willkürlich bestimmte Muskelgruppen an! Ziehen Sie Ihre Fußzehen so fest Sie können an, halten Sie die Spannung für etwa drei Sekunden, und lassen Sie dann die Anspannung los. Am besten, Sie zählen gedanklich: 21, 22, 23, bevor Sie loslassen.

Verfahren Sie mit anderen Muskelgruppen genauso: „Unterschenkel an Oberschenkel", „gebeugtes Bein Richtung Bauch", „Anspannen der Bauchmuskulatur", „Unterarm gegen Oberarm", „Hände zu Fäusten geballt" (oder um die Stuhllehne gepreßt), „Zähne ganz fest zusammenbeißen", die „Augen zusammenkneifen", „den Kopf in den Nacken legen" usw. Worauf es ankommt, ist, bestimmte Muskelgruppen nacheinander für mindestens drei Sekunden in besonderem Maße anzuspannen, um dann loszulassen.

Haben Sie einen „Übungsdurchlauf" beendet, bleiben Sie mit geschlossenen Augen noch eine kurze Zeit liegen (oder sitzen), und spüren Sie nach, wie wohltuend das Ergebnis ist.

Sie können die Wechselwirkung von Anspannung und Entspannung in ihrem Resultat noch intensivieren, wenn Sie – wie in den vorangegangenen Übungen auch – eine bildhafte Vorstellung einfließen lassen: Nehmen wir an, ein bestimmter Vorgang hat Sie sehr verärgert (innere Anspannung). Jetzt können Sie beispielsweise Ihre Fäuste zusammenballen (körperliche Anspannung) und in „inneren Bildern" den besagten Vorgang mit dieser Technik verbinden. Ich zähle 21, 22, 23. Dann lasse ich los (körperliche Entspannung) und assoziiere mit dem Loslassen das Lösen der inneren Spannung.

Nehmen Sie, sofern in der konkreten Situation möglich, nun auch andere Muskelgruppen hinzu, um eine körperliche und stimmungsmäßige Balance zu erreichen.

Autogenes Training (Kurzform)

Ziel des autogenen Trainings ist, über eine selbstbeeinflussende (autogene) Körperregulation einen sehr tiefen Entspannungszustand zu erreichen, um neue Energien, Gelassenheit und Kraft zu gewinnen. Strenggenommen sollte diese nach dem Berliner Arzt Schulz konzipierte Methode in ihren verschiedenen Stufen in einem Kurs oder Lehrgang erlernt werden, um die volle Wirkung ihrer Möglichkeiten auszuschöpfen. Wenn wir uns dennoch hier auf eine Art „Kurzform" beschränken, dann deshalb, weil sich diese aus der eigenen Praxis entwickelte Form für eine erste Anwendung des autogenen Trainings bewährt hat und ohne zeitaufwendigen Kursbesuch sofort umgesetzt werden kann.

Bitte suchen Sie sich einen Platz, wo Sie in aller Ruhe und ohne Störung so entspannt wie möglich sein können; dies mag im Liegen oder Sitzen sein. Wichtig ist, daß Sie eine bequeme, lockere Haltung einnehmen, diese zunächst ein wenig genießen und ganz gleichmäßig ein- und ausatmen. Schließen Sie die Augen, und beginnen Sie nach einer kurzen Zeit folgende „autogenen Formeln" laut oder leise zu sprechen:

– Ich bin ruhig, ganz ruhig.
  (Pause)

– Gar nichts denken, gar nichts leisten.
  (Pause)

– Ich bin ruhig, ganz ruhig.
  Meine Arme sind schwer und warm.
  (Pause)

– Ich bin ruhig, ganz ruhig.

Meine Beine sind schwer und warm.
(Pause)
- Ich bin ganz ruhig und entspannt.
Ich atme ruhig und gleichmäßig.
(Pause)
- Ich bin ganz ruhig und entspannt.
Ich fühle mich wohl und ruhig.
(Pause)
- Ich fühle mich frisch und wohl.

Ziehen Sie unmittelbar nach der letzten Formel Ihre Unterarme fest an die Oberarme heran (sogenannte „Zurücknahme"), öffnen Sie die Augen, recken und strecken Sie sich.

Nach einiger Übung werden Sie selbst feststellen, wie lang die Pausen Ihrem persönlichen Bedürfnis entsprechend sein sollen, auch, ob es hilfreich ist, die eine oder andere Formel mehrmals zu wiederholen.

Unterstützen können Sie Ihr autogenes Training auch dadurch, daß Sie beispielsweise Musik dabei hören und/oder sich auf das Training dadurch einstimmen, daß Sie sich zunächst ein Bild der Ruhe anschauen oder vorstellen (zum Beispiel einen stillen Bergsee) und eine Zeitlang in diesem Bild verweilen, bevor Sie mit der ersten Formel beginnen.

Wichtig für Ihr autogenes Training sollte noch der Grundsatz sein, es nicht ausschließlich nach Belastungen und Streßsituationen zur Entspannung einzusetzen, sondern es regelmäßig zu trainieren, um Belastungen und Streß vorzubeugen.

Meditative Phantasiereisen

Bestimmt kennen Sie aus eigener Erfahrung Situationen, in denen Sie tiefe Ruhe und Geborgenheit empfinden, zum Beispiel bei einer Rast auf einer stillen Waldlichtung, beim Anblick eines hohen Berggipfels, beim Faulenzen in der warmen Sonne ... Ihre Gedanken scheinen sich ins Unendliche zu verlieren, Ihre Phantasie scheint Flügel bekommen zu haben, und ein Gefühl stellt sich ein, als seien aller Ballast, alle Sorgen und Unruhe verschwunden; und genau dieses Ziel wollen wir mit den „meditativen Phantasiereisen" verfolgen: Ruhe und Gelassenheit für den

Alltag, Geborgenheit in uns selbst und Sicherheit, daß uns nichts passieren kann.

Suchen Sie sich zunächst eine angenehme, ruhige Musik aus. Legen Sie sich bequem und entspannt auf Ihr Bett (oder auch auf den Boden), und vergewissern Sie sich, daß Sie bequem und sicher auf einer festen Unterlage liegen. Atmen Sie eine Weile ganz ruhig ein und aus, und versuchen Sie, innerlich ganz still zu werden. Wenn dies auch nach mehrmaligen Versuchen nicht so recht gelingen mag, schalten Sie vielleicht Übungen aus dem isometrischen Training oder dem verkürzten autogenen Training Ihrer „Reise" vor. Jetzt starten Sie mit Ihrer Phantasie „das Reiseprogramm".

Vielleicht den oben erwähnten Beispielen entsprechend:

– Ich liege auf einer einsamen, stillen Waldlichtung.
– Ich bin in den Bergen und betrachte die hohen Gipfel.
– Ich liege in der warmen Sonne und lasse meine Gedanken einfach schweifen.

Versuchen Sie, während der Reise Ihren Empfindungen und inneren Bildern nachzuspüren. Halten Sie nichts krampfhaft fest, sondern lassen Sie Ihrer Phantasie freien Lauf, wo immer diese Sie auch hinführen mag. Natürlich können (und sollten!) Sie auch „eigene Reiseziele" formulieren, etwa: „Mein Abenteuer unter Wasser", „Die Begegnung mit einem weisen Mann", „Mein Aufenthalt in der Stille der Wüste" usw.

Worauf es ankommt, ist, gedanklich eine Reise anzutreten, die im Ergebnis tiefe Ruhe und Entspannung bringt und Ihnen konkret für Ihren Alltag Gelassenheit und Zuversicht als „Reisesouvenir" gibt.

Zur Verdeutlichung (ohne etwa Ihrer Phantasie etwas vorwegzunehmen) wollen wir Ihnen ein etwas ausführlicheres Beispiel vorstellen:

Meine Reise ins Weltall

Ich liege entspannt und bequem auf meinem Sofa. Ich habe meine Augen geschlossen und höre schöne Musik. Ich stelle mir in meiner Phantasie vor, daß es „etwas" in mir gibt, das mich näher kennenlernen möchte und mir ein Geschenk im Sinne von Ruhe und Gelassenheit überbringen will. Ich gebe diesem „Etwas" die Form einer kleinen Kugel und siedele sie unterhalb meines Nabels an.

Nun lasse ich meiner Phantasie freien Lauf: Das kleine Kügelchen beginnt in meinem Körper zu wandern und erforscht nacheinander von innen dessen Bestandteile: Es wandert aus der Bauchgegend hinunter in das rechte Bein, „umkreist" die Kniescheibe und „kitzelt" mich an den Zehen. Dann gleitet es wieder aufwärts und „untersucht" mein linkes Bein. Schließlich wandert es zurück und schaut sich Genitalbereich, Bauchraum, Lunge und Herz mit gleicher Intensität genauer an. Weiter auf seiner Wanderschaft gelangt das Kügelchen nun auch über den Hals in den Kopf und „staunt" über die vielen Wege und Windungen, die sich dort auftun.

Langsam müde von seinen Erkundungen möchte das Kügelchen jetzt zurück in die Nabelgegend, zurück in das „gewohnte Zuhause". Auf seinem Weg dorthin passiert es den Rachenraum, wird aber hier durch mein kräftiges Ausatmen plötzlich und unerwartet nach draußen katapultiert: Eine völlig ungewohnte Freiheit tut sich auf. Das Kügelchen fühlt sich „körperlos", es fliegt hinauf in den Himmel, ins All. Hier sucht es sich einen eigenen Planeten und kann nun tun und lassen, was immer es möchte. Alles, was vorstellbar ist, erscheint möglich – eine wunderbare, unglaublich freie Erfahrung. Hiervon etwas mitzuteilen und mitzubringen, bestimmt die Sehnsucht des Kügelchens, nun doch bald wieder in mich zurückzukehren.

Und so beschließt es den Rückflug: Mit einem tiefen Atemzug gelangt es schließlich wieder in seine „gewohnte Behausung" und nistet sich sogleich unterhalb der ihm vertrauten und bekannten Nabelgegend ein. Wenn ich nun die Hand auf den Nabel lege, so werde ich das mitgebrachte Geschenk von Freiheit und Souveränität als intensiv ausstrahlende Wärme spüren und künftig für mich nutzen.

Dieses hier etwas ausführlicher dargestellte Beispiel zeigt, wie weit unsere Phantasie gehen kann; schon im Nachvollzug der Reise des Kügelchens bieten sich mannigfache Möglichkeiten, den eigenen Vorstellungen weitere Türen zu öffnen, zum Beispiel: Was erlebt das Kügelchen auf dem fremden Planeten? Was sind seine eigentlichen Bedürfnisse, was macht ihm wirklich Spaß und Freude?

Lassen Sie Ihren spontanen, auch unausgesprochenen Wünschen freien Lauf, und lassen Sie zu, was immer Sie möchten.

Nun ist es aber keinesfalls erforderlich, daß jede Phantasiereise – wie im Beispiel des Kügelchens – eine eigene, in sich geschlossene Geschichte, Erzählung oder ein Abenteuer beinhalten muß. Oft genügt es vollkommen, sich einfach in die gewählte Situation einzufühlen, sozusagen „gedanklich in ihr spazieren zu gehen" und den Empfindungen und inneren Bildern mit allen Sinnen nachzuspüren.

Nehmen wir an, Sie wählen als Ihr Bild eine Blumenwiese: Spüren Sie die Sonne, den leichten Wind, die absolute Ruhe? Sehen Sie die bunte Vielfalt der Blumen, die Bewegung der Grashalme im Wind? Hören Sie die Vögel, das leichte Rauschen der Blätter? Riechen Sie das frische Gras, die Düfte der Blumen? Ist es schön, in der Wiese zu liegen und sich zu erholen, neue Kraft zu tanken?

Verwenden Sie ein gewähltes Bild ruhig mehrmals – Sie werden erstaunt sein, daß Sie jedesmal Neues entdecken und das Gefühl von Gelassenheit und Ruhe immer intensiver wird.

Experimentieren Sie auch hier, welche Art von Phantasiereise für Sie selbst am hilfreichsten ist: die durch eine Geschichte „geführte Reise" (Kügelchen) oder die „offene, stille Reise" durch eine Situation (Blumenwiese).

Entspannungscassetten

Da es manchen schwerfallen mag, eigene Phantasiereisen zu entwickeln, oder auch einfach keine Musik zu Ihren Entspannungsvorhaben zu passen scheint, gibt es eine Vielzahl von fertigen Cassetten, die zum Teil mit Musik, Naturgeräuschen und/oder Sprache bespielt sind.

Cassetten zum Erlernen von Meditation und des autogenen Trainings sind ebenso erhältlich wie Phantasiereisen (geführte und offene) oder auch

Suggestivprogramme (zum Beispiel Zuversicht und Lebensmut), bis hin zu „subliminal programms" (Cassetten, die scheinbar nur eine beruhigend schöne Musik wiedergeben, tatsächlich aber für das menschliche Ohr nicht mehr wahrnehmbare Suggestionen enthalten). Wegen der ungeheuren Vielfalt des Angebotes können und möchten wir hier keine konkreten Empfehlungen geben. Lassen Sie sich im Fachhandel beraten.

Doch immer da, wo eine „bewußt auf Änderung abzielende eigene Aktivität" (siehe Seite 56) möglich erscheint (zum Beispiel eine eigene „Reise" zu gestalten), ist „Selbstgefertigtes" in der Regel den vorfabrizierten Produkten vorzuziehen, schon deshalb, weil lerntheoretisch gesehen, eigenes kreatives Tun mit dem Lernerfolg in wirksamerer Beziehung steht; auch dann, wenn das „Selbstgefertigte" nicht so perfekt erscheint wie eine gekaufte Vorgabe.

Gleiches gilt auch für Selbstlernprogramme (Meditation oder autogenes Training): Die Teilnahme an einem entsprechenden Kursus schließt immer die persönliche Betreuung und Kontrolle durch den Kursleiter ein, der individuell auf die Lernschritte des Teilnehmers achtet und seinem Tempo gemäß fortschreitet. Das Lernen mit Gleichgesinnten bringt zudem Möglichkeiten des Austauschs und gegenseitiger Anregung.

Doch auch, wenn Cassettenprogramme gerade dies nicht leisten können, so haben sie durchaus ihre Berechtigung, wenn beispielsweise aus zeitlichen Gründen kein Kursbesuch möglich ist oder persönliche Gründe vorliegen, sich keiner Gruppe anschließen zu wollen.

Kurse, Seminare, Veranstaltungen

Die Teilnahme an einem Kurs oder Seminar setzt eine mehr oder weniger lange zeitliche Anbindung an eine Gruppe von Menschen voraus. Der Vorteil, mit Gleichgesinnten etwas von Grund auf konsequent zu erlernen, wurde bereits dargestellt. Insbesondere sind durch den Kurs- oder Seminarleiter jederzeit individuelle Hilfestellungen, Korrekturen und Kontrollen des Lernfortschrittes möglich. Hinzu kommt der kommunikative Austausch mit den anderen Teilnehmern. Trotz der längerfristigen Anbindung (regelmäßige Teilnahme, Übungen zu Hause) sind bestimmte Kurse in vielen Fällen unbedingt zu empfehlen, insbesondere wenn Techniken erlernt werden sollen, die um ihrer Wirksamkeit willen (und ihres stufenweisen, gründlichen Aufbaus) einer persönlichen Anleitung bedürfen.

Hier einige Beispiele:

- **Autogenes Training** (siehe Kurzform)
- **Meditation**
  Ziel: In das „innere Selbst", die „eigene Mitte" gelangen, tiefe Ruhe erfahren und hieraus positive Energie schöpfen.
- **Anti-Streß-Kurse**
  Ziel: Streßbewältigung und Streßvermeidung durch verschiedene Möglichkeiten der Entspannungsarbeit.
- **Yoga**
  Ziel: Vereinigung von Körper, Geist und Seele. Die Asanas (Yogaübungen) sind als Weg zu verstehen, geistige und körperliche Beweglichkeit zu erreichen und eine „innere Reinigung" zu erzielen.
- **Selbsterfahrungs- und Persönlichkeits-Trainings**
  Ziel: Sich selbst kennenlernen, Schwächen akzeptieren, positive Eigenverstärkung, Aufbau von Selbstwert und Selbstbewußtsein.
- **Kreativitätstraining**
  Ziel: Die in uns schlummernden schöpferischen Kräfte entdecken und für den Alltag nutzbar machen.
- **Therapeutische Gruppe**
  Ziel: Problemorientierte, individuelle Konfliktbearbeitung mit Hilfe verschiedenster gruppendynamischer Methoden, wobei die Gruppe meist Modellcharakter für Analyse und Bearbeitung des Miteinander-Umgehens hat. Möglich als langfristig laufende Gruppe (zum Beispiel einmal wöchentlich), aber auch abhängig von der individuellen Problemstellung als „Intensivkurs" etwa über eine ganze Woche möglich.

Wenn Sie wissen möchten, wer welche Kurse wo anbietet, erkundigen Sie sich bei Ihrer Volkshochschule, Ihrer Krankenkasse oder den Wohlfahrtsverbänden. Kirchliche Einrichtungen (Diakonie und Caritas) bieten ebenso Seminare an wie die sozialen Dienste der Gemeinden (beispielsweise die Beratungsstellen für Ehe- und Lebensfragen). Bestimmt kann Ihnen aber auch Ihr Arzt weiterhelfen, oder Sie wenden sich an einen Psychologen oder an eines der vielen Institute in privater Trägerschaft. Selbst das Gesundheitsamt Ihrer Stadt wird Ihnen behilflich sein.

Beispiel für eine gruppentherapeutische „Intensivwoche"

1. Tag	Anamnese/Diagnostik persönlicher Befindlichkeitstest Streßfaktor (individuell) Selbsteinschätzung (Profil) individuelle Problemsituation
2. Tag	Lebensskript und Analyse Wahrnehmungsübungen Eigen- und Fremdbild „versteckte" Ressourcen Gesundheitsberatung individuelle Einzelarbeit
3. Tag	„Vertrauensübungen" Sensitivity Training Führen und geführt werden haptische und bildhafte Arbeit mit Analysen
4. Tag	„Fassade" und „wahres Ich" Kreativitätstraining therapeutisches Theater, Videoanalyse „innere Kraftquellen"
5. Tag	Atemarbeit/Bioenergetik „Aura"-Arbeit/Energieflüsse Entspannung durch Massage frühe Kindheit/biographische Blockaden intensive Einzelarbeit in der Gruppe
6. Tag	Entwicklung und Festigung von Perspektiven
7. Tag	gezielte „Änderungsverträge" „Gesundheitsplan" Resümee

Jeder Tag beginnt mit Übungen aus dem Yoga oder dem Autogenen Training bzw. einer Meditation. Im Verlauf der Arbeit werden immer wieder Entspannungstechniken praktiziert. Es gibt viel Kleingruppenarbeit unter Einbeziehung der Umgebung und Landschaft.

Therapeutische Einzelberatung

Nicht immer gelingt es, einem drohenden oder schon vorhandenem Burnout aus eigener Kraft heraus zu begegnen. So, wie wir bei ernsthafter Erkrankung einen Arzt aufsuchen, so sollten wir uns auch nicht scheuen, therapeutische Hilfe dann in Anspruch zu nehmen, wenn eigene Wege und Möglichkeiten durch fachliche Kompetenz begleitet und zum Teil initiiert werden müssen.

Dies kann bei einem Arzt (möglichst mit Zusatztitel Psychotherapie) oder auch einem geschulten nichtärztlichen Therapeuten, zum Beispiel einem Diplompsychologen mit therapeutischer Zusatzausbildung, erfolgen. Oft arbeiten auch Arzt und Psychologe zusammen, insbesondere wenn massive körperliche Beschwerden mit dem Burnout-Syndrom einhergehen. Qualifizierte Ärzte und Therapeuten wird Ihnen Ihre Krankenkasse gerne benennen.

Abschließend wollen wir Ihnen noch einmal alle Anregungen aus diesem Kapitel im Überblick auflisten, damit Sie selbst entscheiden können, was Sie ausprobieren möchten.

	Das möchte ich versuchen
Morgengymnasik	
Joggen	
Joggen mit Mantra	
Morgendlicher Vorgedanke	
Spiegelbild	
Imprägnieren	
Freischütteln/Abschütteln	
Isometrische Übungen	
Autogenes Training (abgeänderte Kurzform)	
Autogenes Training	
Meditative Phantasiereisen	
– geführt	
– offen	
Meditationskurse	
Entspannungscassetten	
Anti-Streß-Kurs	
Yoga-Kurs	
Selbsterfahrungs- und Persönlichkeitstraining	
Kreativitätstraining	
Therapeutische Gruppe	
Therapeutische Einzelarbeit	

Rückblick und Ausblick

Aus der Perspektive einer ganzheitlichen Betrachtungsweise haben wir das Burnout-Phänomen zu erklären versucht als die Summe aller negativ empfundenen Erfahrungen und Belastungen, die der Organismus nicht mehr verarbeiten kann. Ebenfalls unter dem Aspekt der Ganzheitlichkeit kamen den „Außenfaktoren" und der „inneren Rückkoppelung" in ihrer wechselseitigen Beziehung und Bedingtheit eine zentrale Bedeutung zu, das Phänomen zu „überwinden".

Das Ganze ist mehr als die Summe seiner Teile, und doch ist das Ganze nicht veränderbar, wenn nicht in seinen Teilbereichen eine gezielte auf Änderung gerichtete Aktivität eingesetzt wird, die – ähnlich wie die konzentrischen Kreise, wenn wir einen Stein ins Wasser werfen – eine „Wellenbewegung" für das Ganze ermöglicht. So, wie aus einem Schneeball eine Lawine werden kann, so sind wir überzeugt, daß im Vollzug der kleinen Schritte nicht nur additiv, sondern letztendlich für den Gesamtorganismus physisch und psychisch Positives eingeleitet wird.

Auch die größte und längste Reise beginnt mit dem ersten Schritt, und deshalb wollen wir Ihnen Mut machen, sich mit Ihren eigenen „ersten Schritten" auf den Weg zu Ihrem persönlichen Ziel zu begeben. Die vielen Tips und Anregungen, Tests und Übungsaufgaben sollten hierbei ein „Reisebegleiter" sein, der „Hilfe zur Selbsthilfe" anbietet – kein „Reiseführer", der Ihren Weg vorschreibt.

Vor diesem Hintergrund entstand dieses Buch, das Ihnen Ratgeber und Arbeitsbuch zugleich sein will, um dem Ausbrennen vorzubeugen, aber auch, um der Bedrohung eines möglicherweise schon begonnenen Burnout wirksame Aktivitäten entgegensetzen zu können. Wie hieß es doch in unserem Vorwort: „Es lohnt, sich selbst zu akzeptieren – nicht als den Giganten seiner Träume, aber auch nicht als den Zwerg seiner Ängste!" Vielleicht kann der folgende Text aus dem Jahre 1692 (!) dies als Ausblick und Zielsetzung noch einmal verdeutlichen und zur Sie Selbstbesinnung anregen; denn die Suche nach innerem Frieden und der Einheit mit sich selbst und der Welt war wohl schon immer das wichtigste Anliegen der Menschen.

VOR DREIHUNDERT JAHREN

Eine alte Inschrift in der Saint Paul's Church in Old Baltimore aus dem Jahr 1692 klingt, als wäre sie für Menschen von heute verfaßt worden.

Geh freundlich und gelassen inmitten von Lärm und Hast und denke daran, welcher Friede in der Stille zu finden ist. Soweit wie nur immer möglich und ohne dich selbst aufzugeben, versuche mit allen Menschen auszukommen. Rede von deiner Wahrheit ruhig und deutlich und höre anderen zu, selbst wenn sie dir langweilig und unwissend erscheinen: auch sie haben ihre Geschichte. Geh lauten und angriffslustigen Menschen aus dem Weg, denn sie sind eine Plage für den Geist. Wenn du dich mit anderen vergleichst, werde nie eitel oder verbittert, denn es wird immer Menschen geben, die mehr oder weniger können als du. Freue dich über das, was du erreicht hast, wie auch über deine Pläne. Behalte das Interesse an deiner Arbeit, doch ohne Überheblichkeit, denn dein Tun und Handeln ist ein wahrer Besitz unter all den Dingen, deren Wert von Mal zu Mal abnimmt.
Sei vorsichtig bei deinen Geschäften, denn die Welt ist voller List. Werde dadurch aber auch nicht blind gegenüber der Tatsache, daß es viele Menschen gibt, die noch Ideale haben und sie zu verwirklichen trachten.
Sieh auch, daß es überall im Leben noch echte Tapferkeit gibt. Sei selbst tapfer! Vor allem, täusche nie Zuneigung vor, noch werde zynisch, was die Liebe angeht; denn trotz aller Erstarrung und Entzauberung, die du siehst, lebt sie ewig fort wie Gras.
Beuge dich freundlich dem Rat der Jahre und gib mit Anmut jene Dinge aus der Hand, die der Jugend vorbehalten sind. Erhalte dir die Schärfe deines Verstandes, denn sie vermag dich vor plötzlichem Unglück zu bewahren. Aber laß dich nicht fallen in ständiges Grübeln. Viele Ängste sind nur eine Ausgeburt von Müdigkeit und Einsamkeit.
Nichts gegen eine gewisse Disziplin; im übrigen aber sei freundlich mit dir! Du bist ein Kind des Universums, nichts anderes als der Baum vor der Tür oder die Sterne am Himmel. Du hast ein Recht darauf, hier zu sein. Und ob es dir nun klar ist oder nicht.
Das Universum entfaltet sich seiner Bestimmung gemäß. Deshalb lebe in Frieden mit Gott, was immer du von ihm halten magst und was immer dein Beruf und dein Streben sein mag in der lärmerfüllten Verwirrung des Lebens. Halte Frieden mit deiner Seele. Trotz aller Täuschungen, Plackereien und aller zerbrochenen Träume ist es immer noch eine wunderbare Welt. Sei bedacht: Strebe danach, glücklich zu sein!

Die Autoren

Dr. Udo Datené, Jahrgang 1946, studierte Erziehungswissenschaften und war mehrere Jahre als Lehrer, Seminarleiter und Mitarbeiter in der Erziehungsberatung und im schulpsychologischen Dienst tätig. Nach seiner Therapieausbildung und Promotion in München ist er seit 1980 in eigener Beratungspraxis tätig. Udo Datené ist Fachberater für Pädagogik und Psychologie im Bundesverband Deutscher Sachverständiger und Fachberater.

Gerd Datené, Jahrgang 1948, studierte Ingenieurwissenschaften in Köln und Berlin. Nach umfangreicher Beratungs- und Trainingstätigkeit bei verschiedenen Unternehmen ist er heute Inhaber der teamtraining & transfer-Unternehmensberatung, Kempen, und geschäftsführender Gesellschafter der Sozietät Datené, Sydow & Partner. Gerd Datené ist Mitglied und stellvertretender Vorsitzender der Selbständigen im Bund Deutscher Verkaufsförderer und Trainer e.V.

Weitere Fachbücher zu Selbstmanagement und Karrierestrategie

Robert Becker
Besser miteinander umgehen
Die Kunst des interaktiven
Managements
284 Seiten, 78,– DM

Michael Kastner
Streßbewältigung
Leistung und Beanspruchung
optimieren
296 Seiten, 78,– DM

Wolf W. Lasko
Small talk und Karriere
Mit Erfolg Kontakte knüpfen
176 Seiten, 58,– DM

Wolf W. Lasko
Charisma
Mehr Erfolg durch persönliche
Ausstrahlung
260 Seiten, 68,– DM

Jagdish Parikh
Managing Your Self
Streßfrei und gelassen auf dem Weg
zu Spitzenleistungen
224 Seiten, 78,– DM

Winfried Prost
Führe dich selbst!
Die eigene Lebensenergie
als Kraftquelle nutzen
160 Seiten, 68,– DM

Udo B. Schwartz
First Class
In Spitzen-Restaurants und
Top-Hotels professionell auftreten
224 Seiten, 68,– DM

Gerhard Schwarz
Konfliktmanagement
Sechs Grundmodelle
der Konfliktlösung
191 Seiten, 68,– DM

Rudolf F. Thomas
Chefsache Mobbing
Souverän gegen Psychoterror
am Arbeitsplatz
160 Seiten, 58,– DM

Rolf Wabner
Selbst-Management
Wie Sie zum Unternehmer Ihres
Lebens werden
91 Seiten, 38,– DM

Rosemarie Wrede-Grischkat
Manieren und Karriere
Verhaltensnormen für Führungskräfte
332 Seiten, 72,– DM

Zu beziehen über den Buchhandel
oder den Verlag.

Stand der Angaben und Preise:
1.11.1994
Änderungen vorbehalten.

GABLER
BETRIEBSWIRTSCHAFTLICHER VERLAG DR. TH. GABLER, TAUNUSSTRASSE 52-54, 65183 WIESBADEN

MIX
Papier aus verantwortungsvollen Quellen
Paper from responsible sources
FSC® C105338

If you have any concerns about our products,
you can contact us on
ProductSafety@springernature.com

In case Publisher is established outside the EU,
the EU authorized representative is:
**Springer Nature Customer Service Center GmbH
Europaplatz 3, 69115 Heidelberg, Germany**

Printed by Libri Plureos GmbH
in Hamburg, Germany